光明的力量

党建引领创新创业

GUANGMING DE LILIANG

胡 兴◎著

深圳出版社

图书在版编目（CIP）数据

光明的力量：党建引领创新创业 / 胡兴著. -- 深圳：深圳出版社, 2024.6
ISBN 978-7-5507-3995-6

Ⅰ. ①光… Ⅱ. ①胡… Ⅲ. ①中国共产党—企业—党的建设—研究 Ⅳ. ①D267.1

中国国家版本馆CIP数据核字(2024)第049864号

光明的力量：党建引领创新创业
GUANGMING DE LILIANG：DANGJIAN YINLING CHUANGXIN CHUANGYE

出 品 人　聂雄前
责任编辑　靳红慧　韩海彬
责任校对　莫秀明
责任技编　郑　欢
封面设计　花间鹿行

出版发行　深圳出版社
地　　址　深圳市彩田南路海天综合大厦（518033）
网　　址　www.htph.com.cn
订购电话　0755-83460239（邮购、团购）
设计制作　深圳市龙瀚文化传播有限公司（0755-33133493）
印　　刷　深圳市华信图文印务有限公司
开　　本　787mm × 1092mm 1/16
印　　张　14.25
字　　数　170 千
版　　次　2024 年 6 月第 1 版
印　　次　2024 年 6 月第 1 次
定　　价　48.00 元

序　一

在当下充满竞争、高速发展的社会中，各式各样的领导学、组织学、成功学层出不穷。如何有效地完善自我、提升团队，在商场商战中杀出一条血路，带领企业走向卓越，不断开辟事业发展的新天地，是每一个逐梦群体的必然追求。那么，这种催人奋进、永不懈怠的力量源泉是什么，在哪里？我们怎样才能找到并汲取这种力量，发展好这种力量？在这些问题上，尚为创业团队的做法，既让人熟悉亲切，又耳目一新。作为团队的领头人，胡兴董事长的思考和实践，似乎是最具理想主义色彩、人文主义情怀，同时又最具实际功用的取向，最具科学主义逻辑。真正了解尚为发展历程的人，都会有一种切身的感受：那就是以党为师、向党学创业，把学习党史作为团队修炼的必修课，已经成为尚为团队上下的共识和力量之源。尚为的实践证明，只要是真学并且真懂，就能够真信和真管用。通过学习党史，可以让员工明理、增信、崇德、力行，铸牢企业命运共同体意识，不断提高思想觉悟和业务水平，总是充满希望和力量。尚为以有力的行动揭示出一个道理，构建以党建为魂的企业文化，正是做大做强社会主义企业的鲜明特色和独特优势。这样的企业学习和组织建设过程，无疑也就是企业的铸魂工程和光明工程，必将赋予员工内心光明的力量。

“光明”是什么？可以考察文字的来源。“光”是会意字，上半部分代表光的发射，下半部分是人。显然，光是人头上所发出来的。更确切地说，

“光”是一个人手里举着火把，照亮了周围。“明”也是会意字，由“日”和“月”构成，那是照亮天地、让万物生生不息的力量之源。宇宙演化片刻不停，我们生活在一个生机勃勃的星球。古往今来，人们一直在思索，是什么力量在推动着物质的发展、历史的变迁。古人认为，宇宙的力量源自于“道”。天有天道，人有人道。天道的力量在天，人道的力量在人。人的力量本源又在哪里？是健壮的肌体，还是智慧的大脑？恐怕大部分人会选择人的心智。实际上，中国传统文化的根本精神，就在于它的人文主义气质，即把人格的培养和完善作为人的生命的核心。而且，这种健全的人格，与自强不息、厚德载物的天地之性是一脉贯通的。因此，我们中国人的哲学和思想传统，人人皆有可能成为圣贤，始终坚定地支持理想人格的构建，支持对自身命运的把握，支持人要自信自立而不是做奴隶和乞丐。夸父追日、精卫填海、愚公移山的神话传说，无一例外反映出这样的一种精神气质。总之，哲学形态的中华文明是充满希望的、积极乐观的，信仰光明、向往光明、追求光明，是中华民族团结奋进、砥砺前行的根本精神力量。如何开启人心中的能量之源，让内心的光明照亮前行的路，是每一位中华儿女传承优秀传统文化，自觉在现实生活中锤炼人格，不负时代责任的当然之举。

放眼全球，近现代西方文化界思潮涌动、流派万千，但也达成了一个共识。这个共识就是：当今世界，科技至上和虚无主义的论调大行其道，人类的精神家园亟待重建；为了摆脱人生意义的迷茫，让四处漂泊的灵魂有所皈依，西方世界尤其需要一种充满希望的、积极乐观的哲学为指引，鼓励人们在充满挑战的文明之路上相互扶持、坚定前行。如何让现代人具有更加健康的人格，点亮属于每个人自己的那盏心灯，让“此心光明、亦复何言”的信念成为最强大的人格力量，是各国人民的共同反思。在一个理想的人类社会中，每个人都应该成为自带光芒的人，都应当成为光明的使者，而不仅仅是祈求光明却永远在黑暗中摸索的人。

如果我们把光明比作人的内心自觉自信的力量，把内心的光明视为完善人格的自然展现，那么，我们应该以什么样的方法，去呵护、发展这种力量呢？换句话说，我们有没有可以学习的样本？当今世界上，有哪些人，有什么样的组织，具有最坚定的信念信仰，最能够永不懈怠、一往无前，最善于在实践中探索出自己的理论和道路，并且创造出人类历史上前所未有的奇迹？说到这里，人们不难猜到答案，这些人就是中国共产党人，这样的组织就是中国共产党。他们融坚定的信仰、创新的理论、高尚的道德、系统的学习、严格的自律和优良的作风于一身，在党性锤炼中修养政治品格、积极担当作为，把光明的力量展现得淋漓尽致。从中国共产党人身上探索光明的奥秘，焕发光明的力量，是新时代的有志者和有智者必须深入思考的事情。其实，中国人历来重视修养之道，主张由“穷理”到“尽性”，再到“以至于命”的途径，构造了格物致知、诚意正心、修身齐家和治国平天下的修养次序，并且特别强调无私和真诚是立身的关键。“唯天下至诚，为能尽其性；能尽其性，则能尽人之性；能尽人之性，则能尽物之性；能尽物之性，则可以赞天地之化育；可以赞天地之化育，则可以与天地参矣”。不难看出，中国优秀传统文化的上述修养环节，与中国共产党人进行理论修养、宗旨意识修养、知识修养、纪律修养、作风修养和政治修养的逻辑是高度契合的。先做人后做事。做人无私就无畏，正大就光明。人行得端正，作风好，就会有先进性示范性，给世界带来进步的推动力量。在实践中的修养过程，与钢铁的淬炼一样，要在高温中汲取体质重构的能量，在锻打中排除杂质，成为纯净而坚硬的钢铁。只要我们团结成为一块坚硬的钢铁，这个世界上就没有克服不了的困难、战胜不了的敌人、完成不了的任务。从这个意义上来讲，中国共产党的组织建设方法和中国共产党人的党性修养办法，是我们塑造创业团队、做好各方面工作所应遵循的共性标准。照着党史学做人，跟着党史学做事，是广大员工提升自我、成就自我的最好路径。

那么，如何通过党史学习，加强组织建设特别是文化建设，尚为的创造性做法值得借鉴。他们的做法其实也不复杂，总的原则就是把握一个真诚的“真”字，真学、真懂、真信、真用，具体叫做党建学习的“四步法则”。第一步是老老实实学，看党怎么做的；第二步是踏踏实实懂，尚为是怎么学着做的；第三步是确确实实信，干部是怎么思考并落实的；第四步结结实实用，员工是怎么领会并执行的。实际上，细细观察的话，“四步法则”也是一个符合人的认识发展过程的科学方法。这个方法的总目标，是把理论与实际相结合，贯通不同事物之间的联系，即把党的发展史与企业发展史全面深入地结合起来，达到传统文化当中所说的“理事无碍、事事无碍”的境界。从党性修养的角度上来讲，“四步法则”总体上体现为以理论思考为基础，以自觉反省为条件，以实践锻炼为依托，以长期坚持为保障的方法，符合贵在学习、贵在自觉、贵在实践和贵在坚持的一般修养原则。

从尚为党建学习的内容上来看，《光明的力量》分为上篇和下篇。在上篇即学习篇中，依据党的建设多方面要求，在政治方面，聚焦于坚定“四个自信”、树牢“四个意识”、加强团结合作、坚持民主集中；在宗旨意识方面，聚焦于全心全意为人民服务的宗旨意识，不忘初心的使命意识，以及树立社会主义核心价值观；在知识和能力方面，要求把干部培养和青工教育相结合，把根据地建设、农村包围城市的战略与其市场经营策略相结合；在作风建设上，强调艰苦奋斗、实事求是与问题导向；在纪律建设上，强调发扬民主作风、勇于自我革命和不断改革创新。这些内容，覆盖了党性教育的六大内容。在下篇即运用篇中，从党的建设的视角，深入思考了党的组织体系、群团工作和企业文化建设的一般规律。运用篇中还聚焦社会普遍关注的“富不过三代”与“百年老店”问题，实际上涉及到了企业自我革命的问题，即如何学习百年大党永葆生机活力、跳出治乱兴衰周期律的问题。可以说，这是新时代党的建设的创新成果在企业文化建设中的积极运用。

《光明的力量》的最后部分，讨论了企业家精神与高质量发展，触及了当前中国式现代化建设的核心议题。推进中国式现代化的关键，在于人的现代化；实现企业高质量发展的核心，在于企业家精神的传承。事物的发展需要焕发其内在的原动力，企业的发展需要焕发员工的内在创造活力。一定程度上，这是一种精神的力量、文明的力量、传承的力量。企业家的精神就是光明的力量的具体展现，是这种力量的风向标和比例尺。有什么样的企业家精神，就会有何种质量的发展。唯有光明的力量，才是企业高质量发展的根本保障。希望尚为能够崇学尚为，以党为师，担当作为，在新时代社会主义企业文化建设和推动高质量发展方面取得更大成绩。

中共中央党校（国家行政学院）马克思主义学院专职副书记　薛伟江

2024 年 3 月

序　二

3月25日，我来到深圳知名企业尚为照明参观学习，与该企业创始人相谈甚欢。临别，胡董事长赠我两件礼品：一盏尚为生产的全光谱台灯，一部即将出版的书稿《光明的力量》。最近十天，每天晚上，我就在这全光谱台灯提供的明亮而柔和的光照下，阅读这闪烁着全光谱精神光芒的《光明的力量》。这本书讲述的是尚为自己的故事，是通过高质量党建引领企业高质量发展的故事，或者说，是一直被中国共产党的精神阳光照耀、温暖、牵引、慰藉的尚为创始人和创始团队，自觉地让所有尚为人持续不断地从党的百年历史经验的宝库中汲取精神能量助推尚为发展的故事。

作为一家民营企业，尚为之所以能与中国共产党同心同德，在精神上同频共振，一是因为中国共产党代表的是整个中华民族和全体中国人民的利益，二是因为尚为的创始人也就是本书的作者在思想上乃至整个精神谱系上就是一位真诚的共产党人。

对于中国共产党的性质、宗旨、初心、使命，尚为显然有着深切的了解。书中写道：

1921年，党在成立之初只有五十几名党员，几乎一无所有，处在白色恐怖之下，就设定了实现共产主义的终极目标。这需要多大的气概与魄力，既震撼人心，又极大地鼓舞人心。

将全心全意为人民服务作为一个政党的根本宗旨是一种大智慧。

《中国共产党简史》值得每个家庭和每位老师拥有一本，值得每个父母和老师认真学习，得到思想上的启发，精神上的鼓舞，方法上的借鉴，有利于更好地经营家庭，建设家风，教育孩子；有利于更好地在学校教育学生，从而帮助学生“德、智、体”全面发展。

字里行间，满是对党的敬仰、热爱、忠诚和向往之情。由这样的人创始并领导的民营企业，能与中国共产党同心同德，在精神上同频共振，也就不足为奇了。

尚为独创的党史学习方法“四步法则”，之所以能让尚为人源源不断地从中国共产党的种种历史经验中汲取智慧和能量，并成功地将之转化为助推企业发展的强大力量，最根本的原因在于，作为中国共产党指导思想的理论基础的马克思主义，具有一种与生活一起改变、与生命一起成长的与时并进的实践品格。

“哲学家们只是用不同的方式解释世界，而问题在于改变世界。”马克思的这一名言极其深刻，既揭露了一切旧哲学站在社会历史、人类实践、百姓生活之外去谈论生活的真理的致命弱点，又表明了新唯物主义哲学不同于一切旧哲学的基本立场。理论是灰色的，而生活、生命之树常青。灰色的理论可以存在于二维空间（纸面上），而常青的生活、生命之树只能存在于四维时空之中。只有把自己当作生活世界的一分子，才有对生活的真诚的关切、真实的观察、真切的感受和真正的了解，才能对现实生活做出合理的解释，对未来的生活做出合理的设计，才能以实际的行动给予生活以积极有效的影响。

尚为独创的“四步法则”的党史学习方法在实践中所取得的成功再次证

明：一种正确的理论一旦变成了千百万人的生活理性，一种崇高的道德一旦获得了千百万人生命意志的担当，一种价值理想一旦成为了千百万人的内心向往，这种理论、道德、理想就会成为一种无可阻挡的现实力量 ，一切文化、道德、价值、信仰都来源于并服务于实际、生活和芸芸大众。

尚为把“做人的工作”的能力视为尚为的核心竞争力，并认为“党建工作和企业文化工作的本质是做人的工作”，可见这位创始人对人的非同寻常的重视，而这种从对人的非同寻常的重视中，我们也许发现15年来尚为快速健康发展的根本原因。

人是世界的中心。人类社会生活的所有领域，实际上都是上演人类戏剧的舞台。管理和建造人类各种系统的基石及本质都是有情有义、有信有理、有血有肉、有表情、有温度、有趣味的人，而不是各类与情感、情绪、意义、意志、信心、信仰无涉的组织系统和事物系统，以及用来描述它们的同样冷冰冰硬邦邦的各类数字、概念、理念和逻辑系统。无论我们是在探讨历史、现实还是未来，无论我们是在谈论经济、政治还是文化，实际上我们都是在讲人的问题和故事。《光明的力量》一书，从头至尾，每章每节，中心都未离开人。“九牛之人与人生规划”“无私才能成私”“个人要走专业化发展道路”“生命不息奋斗不止”“做人要诚实，做事要踏实”……书稿中的这些标题，或谈人生智慧、人生真谛，或谈人的价值、人的尊严，或谈人的幸福、人的完善，无一离开人这个中心。

人类是一种文化存在，是一种信仰的生物。作为文化存在、信仰生物的人类，无论个体、群体还是全体，其实都是一个虚实复合体，同时生活在虚实两个不同的空间。一方面，人类有沉重的血肉之躯，永远无法摆脱那个有几分粗糙、粗鄙、粗俗的物理的、地理的、功利的空间，那个冷冰冰、硬邦邦的可以对之进行精确的数学计算、严密的逻辑推理的世界，永远无法彻底的脱俗。但是，人类明明知道自己无法脱俗却偏偏要在俗中追求脱俗，并将之视为做人的责任和使命。

“尚为精神”是尚为企业文化的灵魂，是能照亮、温暖、牵引、慰藉每个尚为人的共有的精神太阳，是尚为人的身份标识和遗传基因，是植根于尚为人15年奋斗历史中积淀形成的精神土壤之中、面向未来开放的精神之花，是照亮前行道路的精神灯塔，是企业沟通社会、时代的精神桥梁。

尚为的价值观可以概括为以下四点。

从心开始。人心是宇宙间最奇妙的存在物。张载：“为天地立心，为生民立命，为往圣继绝学，为万世开太平。”王阳明：“破山中贼易，破心中贼难。”心是尚为人对党对国家对人民的忠诚之心，心是尚为人对事业对工作的责任心和专注之心，心是尚为人的内省之心、克己之心、感恩之心、谦卑之心、慈悲之心。心是尚为人同心同德干事业的决心。心代表尚为人的一种人生态度：身安，不如心安；屋宽，不如心宽。

以新创生。我们生活在一个日新月异的时代，成长于深圳这座日新月异的城市，我们深深懂得 ，没有创新，就没有未来。创新，已经被历史证明，决定了一个国家的兴衰，对社会、对企业同样如此。创新总是伴随着对既成思路的挑战和对原有平衡的打破，“创造性毁灭”就源自于此。创新既是整个尚为全方位的革故鼎新，又包括每个尚为人的不间断的自我更新。

以行筑梦。行是落实，行是苦干，行是拼搏，行是奋斗，行是美梦成真的前提。一个实际行动，胜过十个纲领。无论是成就事业、创造佳绩，还是完善人格、提升心灵，都需要知行合一。再长的路，一步一步走总能走完，再短的路，不迈开双脚也无法到达。

以信为魂。对于人类而言，唯有超越，方可卓越，而信仰正是指向超越的维度。信是信念，信是信心，信是诚信，信是信任，明确的信仰，坚定的信念和信心，充分的诚信和信任，让尚为更丰富、更乐观、更深刻、更慈善、更公正、更具智慧、更坚忍不拔，从而让他们有更多成功的机会和幸福的感受。

有党的精神的照耀、牵引、温暖，有企业带头人的坚强领导，有全体尚为人的持续奋斗，尚为一定有更加光明的未来。

中共中央党校（国家行政学院）原文史教研部主任、教授　周熙明

2024年4月25日于广州

序　三

经济是国家发展的命脉和基础，而企业是经济的细胞，是市场的主体，企业兴则经济兴。创新创业对推动我国经济的增长有重要的现实意义，但创业是一件既艰辛又高风险的事。过去说创业是九死一生的事，现在难度更大，可以说是“九十九死一生”。难道今天就真的不能创业成功吗？有没有什么办法提高创业的成功率呢？

我于1995年大学毕业，分配在江西一家国企工作。刚毕业年轻气盛不知天高地厚，半年后，放弃了国企的“铁饭碗”，带着九百元去浙江寻找梦想。二十天后，花光盘缠身无分文，依然没有找到工作，第一次感到了生存的压力，也深深感受到现实与理想的差距。工作时期睡过地铺、拖过板车、卖过大米、骑自行车发过报纸，最后，用十年时间解决了生存问题，也清晰了人生的方向。

从2005年开始创业，到今天有近二十年创业经历，总共两次。第一次由于没有解决好合作问题，最后不得不流着眼泪离开。第二次是2009年，卖了两套房凑了三百万元，带着三十人的创业团队再次创业，时逢全球金融危机，创业团队历经各种艰辛，至今天成长为中国工业照明的领导者，团队规模超过四千人。2020年在企业内部孵化了十家创业公司，十个创业团队坚持“四千观念”（走遍千山万水、说尽千言万语、想尽千方百计、吃尽千辛万苦）和“四坚观念”（坚定理想与信念、坚守主业与正道、坚决走专精特新、坚持高质量发展），都逐步生存下来，大家对未来充满信心，迸发出了极大的创业热情。

2009年4月8日，尚为创业团队三十人启动会上，我跟大家描绘未来，告诉大家要用十年时间改变中国工业照明格局，有一个员工写了一张纸条——“听胡总忽悠”，传给了另一个员工。我继续说再用十年时间改变中国照明格局，另一个员工在纸条上加了两个字——“‘继续’听胡总忽悠”，纸条又传回来了。最后我说再用十年时间改变全球照明行业格局，大家都不相信，我和几个高管也背上了“大忽悠”的外号。我能理解大家，因为大部分人只有先看见才会相信，而作为团队带头人，必须自己先相信，再带领大家看见，最后带领大家去实现。我给大家讲了一个故事，中国共产党成立之初的1921年，全国只有五十多名党员，用了二十八年就建立了新中国，用了百年时间深刻地改变了国家、民族、人民的命运，让中国人民真正站起来、富起来、强起来，通过百年奋斗成为世界公认第一大政党。大家受到极大鼓舞，共同决定要向党学创业。

我们从中国共产党百年发展历程中提炼了“目标远大”“宗旨为民”“根据地建设”“农村包围城市”“艰苦奋斗”“不忘初心”等二十个主题，逐一进行深入研究，十年如一日，全体干部员工全面学习。通过向党学习，十余年来公司的复合增长率保持在30%，用十年时间改变了中国工业照明的格局，实现了当初的诺言。

大家强烈建议我把尚为向党学创业的理论和故事写成文字，可以给更多人看。很多人说这些内容不仅对企业家、创业者、管理者有用，而且对老师、家长、孩子也能产生启发，是一件十分有意义的事情。

作为深圳市青年创业促进会的会长，我每年都会跟很多青年创业者进行各种交流，共同讨论创新创业话题，也经常解答青年企业家在创业中遇到的各种问题。大家对尚为的创业经历和孵化企业的做法都十分感兴趣，经常让我讲尚为的创业故事，希望我能将这些创业故事写出来，让大家借鉴，这是促使我写这本书的最早动因，不过迟迟未下决心。一是觉得尚为的规模不算大，说服力不强，二是担心自己的文字功底不够，写不出做专题演讲时的效果。同时，由于经营工作很忙，迁延日久，到今日方才成文。

尚为始终把党建工作摆在企业发展战略高度来定位，通过高质量党建引领尚为照明高质量发展，概括起来有四个特点：一是以党为师，四步法则；二是先锋领航，全员学习；三是融入文化，深入管理；四是拓展输出，广泛交流。“四步法则”是尚为独创的党建学习方法，即第一步是党怎么做、第二步是尚为怎么学、第三步是干部怎么思考并落实、第四步是员工受到哪些启发并执行。我们将提炼的向党学创业二十个主题全部采用“四步法则”全面学习，真正确保每个主题能够在实际工作中落地，而且每个主题要结合企业和管理实际情况，从而产生真正强大的力量。中国共产党将马克思主义中国化，让中国革命取得了胜利，如果我们能够将党的思想与理论企业化，一定能够帮助企业更好地解决生存与发展的难题。

“四步法则”已经成为尚为学习党建的方法论。党的百年发展历程中还有许许多多值得企业组织借鉴与学习的地方，不同的企业组织或企业的不同阶段向党学习的重点也不完全一样，但都可以运用“四步法则”来学习。我们在学习党的最新思想、理论与文件精神时，也可以运用“四步法则”进行学习转化，使之真正能够有效落地。不仅是向党学习可以运用“四步法则”，向其他优秀组织学习时也可以采用。

尚为的民营企业党建实践工作得到了各级政府的肯定，每年到尚为来交流党建和创新创业的党组织、商协会、企业家、经营管理者、客户等络绎不绝，反响热烈。有的管理者反复过来学习，希望能够听我讲课，每年接待超过五千人次。也有不少商协会和客户单位邀请我参加各种会议，现场讲向党学创业的党课，很多时候由于精力有限，很难全部满足，但每次现场讲课反响都特别热烈，很多人加我微信，发来热情洋溢的感言。

大家到尚为交流的时候，我经常问一些问题，比如：企业因什么而兴，因什么而衰？为什么大部分民营企业长不大活不长？如果你今天去创业将如何让企业活下来？如果你来做一个商协会、校友会等组织，如何能做好？如果你去新成立一个部门，怎么让这个部门做起来？党建对企业有什么作用？是民营企业更需要党建还是国有企业更需要党建？如果把一个刚毕业的大学生分配给你来带，如何将其培养成才？如何经营好家庭和教育好孩子？为什么富不过三代？这些问题广泛引起了大家的兴趣，而读者如果能够完整读完本书，都能找到答案。

本书分上、下两篇，共十五章，上篇为学习篇，共十章，每章有两个主题，彼此密切相关，由于篇幅关系，每章以其中一个主题为主线，用“四步法则”进行阐述。每个主题先详细分析党是如何做的，然后再来阐述尚为在实际工作中是如何学习运用的，接着是管理者将这个主题学习和尚为的做法结合自己工作实际所产生的思考，最后是作为员工或者个人在这个主题上受到什么启发。让读者从不同的角度和层面感受到每个主题的重要性和可借鉴性。下篇为运用篇，共有五章，将前面十章内容运用到工作和生活的各个方面，比如：群团建设和社会组织建设、企业文化建设、家庭教育等各个方面，从而让读者能够更好认识到党史、党建学习对实际管理工作和生活的重要意义，进一步对前面的二十个主题有更深的感悟。

习近平总书记说：“党的历史是最生动、最有说服力的教科书。”“学习党史、国史，是我们坚持和发展中国特色社会主义、把党和国家各项事业继续推向前进的必修课。这门功课不仅必修，而且必须修好。”我每年都要看几遍《中国共产党简史》，在我看来，党史不仅是党员干部必修的，所有企业家、管理者都要学习。通过党史学习教育能够鼓舞斗志、坚定信念、凝聚力量、启迪智慧，让人迸发出强大的精神力量，把这种力量注入创业和团队管理中去，能够弥补创业过程中资源不足、条件不够的弱势，战胜创业和工作中遇到的各种困难和挑战，从而取得胜利。从党的创新创业历程中，汲取经验与智慧，对企业的创新创业有重要启发和借鉴意义，激发企业干部职工的干事激情，极大提高创业的成功率。作为一个普通的成年人，也能从党史中汲取智慧和精神力量，解决工作和生活中遇到的各种困难与问题，帮助自己获得成功，教育好下一代，极大提高个人和家庭的生存能力与竞争力。

本书的写作得到宝安区委组织部康勇斌、傅智威和西乡街道党建工作办公室的大力支持，也得到了很多朋友的帮助，深表感激！首先要感谢我的太太敖松平一直以来的陪伴与照顾，感谢深圳大学党委副书记吴报水的鼓励与帮助，感谢上海大学李倩倩教授提出的宝贵意见，感谢傅吉群做的文字整理工作，感谢石贵宝做的校勘工作，感谢好朋友刘波、吴远清、吴远亮、詹立柱的帮助和支持。

因个人水平有限，同时对党史和党建工作理解程度还很不够，难免有错漏之处，诚请大家批评指正。

胡　兴

2024 年 4 月 8 日于深圳

目 录 | CONTENTS

上　学习篇

下　运用篇

上

学习篇

第一章 目标远大与科学规划

目标是个人、部门或整个组织所期望的成果，无论是一个组织，还是个体，都需要有目标。组织是由两个以上的人组成的社会实体，是社会的基本单元和社会的细胞。人类为了自身的生存与发展需要组织，组织存在的价值是为了实现目标，而目标决定组织存在的意义，因为只有共同的目标追求才会把人们联结在一起。有共同目标的社会实体才能称为组织，所以目标对一个组织的生存与发展至关重要。我们但凡想要创建一个组织，首先必须明确组织目标。

目标能够为组织和个人指引方向。没有方向的话，组织和个人都将变得盲目茫然，不知如何行动，为什么而行动。没有目标的行动是危险的，可能让人走向错误的道路从而深陷泥潭，甚至南辕北辙，不如不行动。目标就是行动的指南针，大海航行中的航标，应急通道上的指示灯，没有它，飞机和轮船将迷航，人会迷路，组织会变得混乱，成为一盘散沙，做无规则运动。

目标给人动力，目标是人生动力存在的重要源泉。如果没有目标，人生也就失去了意义。目标同样是一个组织的动力源泉，是组织最终价值的体现。目标使人充满激情，使组织充满活力。目标有大小之分，小目标给人小的压力与动力，大目标给人大的压力与动力。实现目标的过程就是不断解决问题的过程，问题是目标与现实之间的差距，差距越小，问题越少，压力和动力随之就会减弱；差距越大，问题越多，压力和动力自然就会增大。所以组织和个人都要设立大目标，再逐步将目标进行分解，通过解决一个个小目标来推动大目标实现。如果一开始只是设定小目标，往往要求、标准就不会太高，也不容易看得长远，过分盯着眼前小目标，容易使人变得功利和短视，遇到困难容易让人放弃，成为逃兵，遇到外界的诱惑往往抵挡不住，容易改变，甚至出卖组织利益。

大目标能够帮助组织和个人经得住大部分的诱惑，克服大部分困难。所以尚为向党学习的第一点就是设定远大目标，要求管理层干部设立部门大目标，要求员工有人生理想。接下来按“四步法则”来介绍如何向党学习目标远大与科学规划。

党的目标远大与科学规划

中国共产党百年奋斗中，特别重视目标的确立和分解。中共一大就确立了实现共产主义的终极目标，同时根据不同历史时期的客观实际，制定不同历史阶段的具体奋斗目标。每一个阶段的奋斗目标再不断分解细化，让目标清晰，看得见摸得着，统一思想、指明方向、提供动力。我们的国家正是在中国共产党的带领下，一步一个脚印，通过坚定务实地实现各个阶段制定的目标，实现了逐步站起来、富起来、强起来，党和国家的事业取得历史性成就、发生历史性变革。

1921 年，党在成立之初只有五十几名党员，几乎一无所有，处在白色恐怖之下，就设定了实现共产主义的终极目标。这需要多大的气概与魄力，既震撼人心，又极大地鼓舞人心。也正是树立了如此远大的目标，才在百年奋斗征途中吸引了无数优秀中华儿女义无反顾地加入她、热爱她，愿意为共产主义事业奋斗终身。在这一百多年中多少热血青年仁人志士不计较个人得失，不顾个人安危，为她抛头颅洒热血，敢于斗争勇于拼搏，甚至牺牲自己的生命也在所不惜。

我党在新中国成立前遇到两次重大挫折：大革命失败和第五次反“围剿”失败。1927 年 3 月到 1928 年上半年，大革命失败后，被屠杀的共产党员和革命群众逾 31 万人，其中共产党员就有 2.6 万多人，党员数量由 5.8 万人急剧减少到 1 万人，一些人提出“红旗还能打多久”的疑问。第五次反“围剿”前红军总人数有 30 多万人，失败后红军锐减到 8.6 万多人，1934 年 10 月红军被迫长征，长征路上的湘江战役，红军人数从 8.6 万多人锐减到 3 万多人。血染湘江，当地流传“三年不饮湘江水，十年不食湘江鱼”的话，那是何等的悲壮。到达陕北的红一方面军只剩下 8000 多人，全国红军总数只剩 3 万多人。面对这样的重大挫折，红旗还能扛多久？我们能否爬雪山过草地继续前进？企业组织在生存与发展中遇到战争、经济大萧条、金融危机还能否继续顽强地生存下来？人生中遇到失业、破产、亲人离去等重大挫折能否继续坚强地活下去？

这种时候组织必须要有坚定信仰才能顶住。就像在大海中航行，虽然看不到陆地，但水手总是相信一定能够到达陆地，这就是信仰的力量，这种力量通常要有远大的目标才能产生。中国共产党成立一百多年来就一直拥有这种神奇的力量，这是因为党在成立之初就设定了实现共产主义这个远大目标。

中国共产党不仅仰望星空，更脚踏实地。既制定了远大的终极目标，又能理性务实地将目标一步一步分解。党的百年历史可以划分为四个历史时期：从 1921 年 7 月建党到 1949 年 10 月新中国成立是新民主主义革命时期，主要任务是反对帝国主义、封建主义、官僚资本主义，争取民族独立、人民解放，为实现中华民族伟大复兴创造根本社会条件。从 1949 年 10 月至 1978 年 12 月党的十一届三中全会召开是社会主义革命和建设时期，主要任务是实现从新民主主义到社会主义的转变，进行社会主义革命，推进社会主义建设，为实现中华民族伟大复兴奠定根本政治前提和制度基础。从 1978 年至 2012 年 11 月党的十八大召开是改革开放和社会主义现代化建设新时期，主要任务是继续探索中国建设社会主义的正确道路，解放和发展社会生产力，使人民摆脱贫困、尽快富裕起来，为实现中华民族伟大复兴提供充满新的活力的体制保证和快速发展的物质条件。从 2012 年 11 月至今是中国特色社会主义新时代，主要任务是实现第一个百年奋斗目标，开启实现第二个百年奋斗目标新征程，朝着实现中华民族伟大复兴的宏伟目标继续前进。

围绕这四个历史时期的目标，中国共产党带领全国人民进行了艰苦卓绝的奋斗，把一个又一个十分艰巨的任务和目标变成了现实。在新民主主义革命时期，打败了日本帝国主义，推翻国民党反动统治，完成新民主主义革命，建立了中华人民共和国，推翻了帝国主义、封建主义、官僚资本主义三座大山；在社会主义革命和建设时期，完成了社会主义革命，确立社会主义基本制度，推进社会主义建设，完成了中华民族有史以来最为广泛而深刻的社会变革；改革开放和社会主义现代化建设新时期，把中心任务转移到经济建设上来，实行了改革开放，建设中国特色社会主义，确立社会主义初级阶段基本路线，加深了对什么是社会主义、怎样建设社会主义和建设什么样的党、怎么建设党的认识，确立了社会主义市场经济体制的改革目标和基本框架，深刻认识和回答了新形势下实现了什么样的发展、怎样发展等重大问题，坚持和发展了中国特色社会主义；中国特色社会主义新时代，从理论和实践结合上系统回答了新时代坚持和发展什么样的中国特色社会主义、怎样坚持和发展中国特色社会主义等重大时代课题，坚持和完善中国特色社会主义制度，推进国家治理体系和治理能力现代化，推动党和国家事业取得历史性成就，发生历史性变革。党的面貌、国家的面貌、人民的面貌、军队的面貌、中华民族的面貌发生了前所未有的变化，近代以来久经磨难的中华民族迎来了从站起来、富起来到强起来的伟大飞跃，中华民族伟大复兴展现出前所未有的光明前景。

凡事预则立，不预则废。为了实现党的长期目标与阶段目标，从 1953 年开始，党开始制定第一个五年计划。制定和实施国民经济和社会发展五年规划，引领经济社会发展，是我们党治国理政的一种重要方式。至今我们国家已经编制实施了十四个五年规划，对我们完成党的阶段目标起到了重要保障，对我们创造出世所罕见的经济快速发展奇迹和社会长期稳定奇迹，发挥了卓有成效的作用。五年规划为党的主张转化为国家意志提供重要途径，是推动国家发展战略连续稳定实施的重要保障。

诺贝尔经济学奖获得者迈克尔·斯彭斯说，坚持制定五年规划让中国受益匪浅，这一经验值得西方学习。国家五年规划的编制过程是非常严谨的，要经过中期评估、前期研究、形成思路、建议起草、通过建议、制定纲要、专家论证、争取意见、审议批准、正式公布、规划实施。五年规划是中国国民经济计划的重要部分，为国民经济发展远景规定目标和方向，也是国家不同历史时期目标的阶段分解和持续有效落实，再通过分解落实到政府年度工作报告中去，确保党和国家的大政方针能够得到长期有效落实和执行。

尚为学习：千亿愿景与五年规划

尚为在成立之初，从党对远大目标制定与分解中受到了极大启发，尤其是党将实现共产主义设定为终极目标，让我们特别震撼，让大家意识到设定目标的重要性。创业团队达成共识，要向党学习目标制定，既要向党学习制定一个终极奋斗目标，又要对目标进行分解，做到既要仰望星空抬头看路，又要脚踏实地低头拉车。

创业团队决定要制定一个大的愿景目标，让所有尚为人团结在这个大目标下，在遇到困难与重大挫折时，成为指明灯；在面对短期利益时能够经得住诱惑，在获得小的成功时不会产生小富即安的思想，继续前进；在内部发生分歧时，能够继续顾全大局、同心同德、精诚合作。

经过几个月的思考与研讨，我们决定将“打造一个以照明为核心的国际化集团”作为愿景目标，后来将“以照明为核心”修订为“以奋斗者为核心”，几年之后最终确定为：打造一个以奋斗者为核心的国际化集团，成为千亿级企业。照明是一个特定的产业或行业，以行业或产品为中心有一定的局限性，企业最核心的要素是人，尤其是团队核心成员。我们学习华为把团队成员分为三类：奋斗者、一般奋斗者、劳动者。我们把事业心强、能力强、绩效好、忠诚公司、愿意共同奋斗一辈子的人定义为奋斗者。这部分人是团队中的“关键少数”，能够带领更多人去实现目标，将这些人在创业早期培养成干部和高管，条件成熟的时候，重点培养成创业者、创业家，最终培养成企业家。在不断创业的过程中，将更多的劳动者培养成奋斗者，把很多人刚开始只是来找一份普通工作、短暂停留的想法，慢慢改变为愿意把它当成一份事业，愿意为之长期奋斗甚至一辈子奋斗的信念。习近平总书记说：幸福都是奋斗出来的。尚为人的回应是：奋斗的过程是幸福的。我们给团队成员描绘的宏伟蓝图是：一群人、一条心、一辈子、一件事。共同创业，在尚为平台上孵化众多企业，培养一百名创业家，一千名奋斗者，带动一万个家庭共同富裕。

我们不仅向党学习目标远大，也务实地向党学习目标分解，提出分三步走：第一个十年改变工业照明格局，第二个十年改变中国照明格局，第三个十年改变全球照明格局。第一步先专注在工业照明细分市场，十年磨一剑，创造一个十亿元级营收的创业平台，学会从无到有、从小到大，创造和经营一家企业，从产供销、责权利、人财物三个维度九个方面进行全方位全系统打造，积累和构建人才、资金、技术、制造、品牌、客户等资源和要素。第二步用十年到二十年孵化十家照明相关细分领域的“专精特新”子公司，将部分奋斗者高管培养成创业家，每个人带领一个小团队在内部创业，重走长征路，将尚为第一阶段的创业之路走一遍，起步之初跟尚为一样，启动资金三百万元，团队三十人，大部分资金和人都是由尚为提供。公司给每个创业团队一千七百万授信，创业团队使用资金要支付利息，将公司的理念和文化全面传承，长期专注在一个特定细分市场，打造十个“专精特新”企业。第三步，将这十家企业进一步升级孵化，培养成十个子集团，每个子集团就像早期的尚为平台一样，孵化十个创业团队，将自己的创业历程的认知与尚为的孵化企业的认知结合起来，在特定细分市场培养新的“专精特新”企业。经过三步走，真正实现“打造一个以奋斗者为核心的国际化集团”的尚为梦，助力推动中国梦的实现和中华民族伟大复兴。

2009 年 4 月 8 日是公司市场正式启动的日子，这一天也成为公司的感恩日，我们搞了一个很正式的启动仪式，有三十几人参加。我宣读了《关于公司成立的号召令》，对未来的公司愿景进行了描绘，立志要改变工业照明格局、全国照明格局以及全球照明格局。就是在这次大会上，员工说“听胡总忽悠”“继续听胡总忽悠”。那个时候大部分员工是不相信这个目标的，只有少数人相信，大部分人因为看见才相信，少部分人因为相信才看见，而作为一个团队的领导者，必须看见未来。多年以后的一个晚上，这些创业团队成员在一起吃烧烤喝啤酒，写纸条的年轻人已经成为大老总了，端起一杯酒流着泪说：“人生最美好的事情莫过于当年吹过的牛皮都实现了。”大家举起手中的酒杯一饮而尽，个个兴奋快乐，那一刻特别美好。

这十几年一路走来，创业团队经历了太多的磨难。遇到过百年不遇的金融危机，遇到过早期资金严重匮乏经常断流，吃了上顿没有下顿的窘境，遇到过众多竞争对手围猎的困境，遇到过部分创业者离开的动荡，遇到过合作者观念上的冲突，遇到过创业者小富即安的瓶颈，遇到过上市诱惑等，数不胜数，每一次都特别艰难，最终能够一次又一次克服困难、解决问题，得益于大家都相信尚为的千亿级的梦一定能实现，因为国际化集团的远大目标让大家心中有梦、眼中有光。相信自己，相信公司，相信未来，相信“相信的力量”，这是信念的力量。很多接触过尚为员工的朋友经常有这样的感受：他们充满激情，活力四射，朝气蓬勃。友商经常说的一句话：屁大个公司，搞得好像是国际集团一样。这都得益于从创业之初向党学习树立远大目标。远大目标能够给人指引方向，统一思想，提供动力，能够创造无穷无尽的精神力量。大部分民营企业都是草根创业，普遍缺乏物质资源，要想克服创业之初遇到的艰难困苦，坚强地生存下来，就必须依靠精神资源，用精神力量来弥补。慢慢去积累一定的物质资源，从而一点点拥有物质力量，同时不能丢掉精神力量，才能真正活下去、站起来。这就是尚为在创业十几年过程中从百年党史汲取的宝贵营养，学习从树立远大目标开始积蓄团队精神力量，直到今天遇到百年不遇之困难，还能连续三年逆势增长，这种力量功不可没。

尚为不仅向党学习目标远大，同时也向党学习科学规划。企业发展战略规划是企业发展的灵魂与纲领，指引企业发展方向，明确企业的业务领域，指导企业的发展策略以及发展措施，有利于将企业的愿景与阶段目标具体化，使干部员工进一步清晰近几年的目标与方向，使员工愿意全身心投入到工作中去，从而产生安全感与归属感。从2010年开始，我们就开始制定第一个五年规划，2015年制定了第二个五年规划，这两个规划一直在指引公司前十年的发展方向，两个规划的顺利完成，推动了公司成立之初提出的“用十年时间改变中国工业照明格局”的阶段目标顺利实现。第三个五年规划是根据公司提出的“再用十年时间改变中国照明格局”的阶段目标而制定的，第四个五年规划也将重点围绕这个阶段目标进行进一步的规划与部署。所以“三五”规划与“四五”规划之重点是围绕“三大战略”进行规划的，通过实施“工业照明+”战略，把工业照明当成井冈山根据地，在内部进行企业孵化，力争在十年内围绕工业照明相关的细分领域孵化出十家企业，培养十名创业家、一百名奋斗者；通过实施软硬兼施的技术战略，用十年时间积累软件技术能力，完成工业物联网和人工智能的技术布局；通过实施智能大制造战略，完成智能制造和关键元器件自制的升级。目前来看，尚为团队在实施“三五”规划与“四五”规划的过程中，迸发出了极大的热情与斗志，正朝着既定的方向大步前进。

管理者思考：目标管理与合理规划

公司制定的目标能不能实现，关键取决于干部，所以干部如何学习运用党的目标远大与科学规划是“四步法则”的第三步。公司在十几年的发展过程中，根据不同发展阶段采取了不同的组织结构形式，从直线型结构到职能型结构再到事业部组织结构，现在慢慢尝试搭建集团公司的组织结构。无论在哪个阶段，也无论采用哪种组织形式，有一点我们是特别清醒的：战略的分解和战术的执行必须依靠公司的干部队伍，中高层管理岗干部是核心，高管是核心中的核心，他们是组织中的“关键少数”。

所以在成立之初，我们带领尚为的干部对目标的重要性反复进行研讨，组织干部学习中国共产党的目标制定与实施，带领核心团队一起来制定尚为的长远目标，对目标进行分解。在这个过程中，让所有干部进行深刻的思考，并将这些感悟转化到自己管理的部门。让管理层干部相信尚为的远大目标非常重要。刚开始时大部分人是不相信的，连大部分的干部都不相信，有一次召开高管会议，我问大家心目中工业照明行业中的企业排名，让大家写在小纸条上以无记名形式交上来，结果没有一个写尚为是第一的，个别写第二，很多都是写第三，甚至更靠后。我暴跳如雷，经过几个小时的教育与分析，让很多高管羞红了脸。大家渐渐认识到了强大与弱小的标准不仅仅要看规模大小、技术强弱与时间长短等有形物质力量，还要看无形的精神力量。这件事情大家一直记忆犹新，经常回忆那个场面，从害怕和不理解到羞愧与顿悟。那场会议我再次把党的远大目标给同志们做了分析，从那天开始，要是有干部员工认为尚为不是行业第一，都会被这些高管教育。管理者意识到目标的重要性，深刻懂得尚为要想真正成为优秀的企业，就必须向党学习树立远大目标。带头人要有崇高的理想和爱国情怀，尚为远大目标能否实现，取决于公司产供销各个系统中的部门能不能同频共振，取决于各级干部相不相信公司远大目标能实现，取决于各级干部达成共识后能不能将公司远大目标传导到各自部门团队成员并让大家相信，取决于各级干部能否在各自系统参考公司的远大目标来设定自己部门的长远目标。

于是，尚为的干部们尤其是高管经常开展轰轰烈烈的目标研讨会和公司的目标传导会，开展部门的目标设定会，不仅在公司成立之初如此，到今天亦如此。只要公司新成立一个部门，或者一个部门重新聘任一个干部，部门负责人第一件事就是召开目标研讨会，重新制定部门目标，通过统一目标来统一团队思想，统一行动方向。

管理者从远大目标中得到的第二个思考就是一个组织不仅要有长远目标，而且在不同阶段要有清晰定位和阶段性目标，公司如此，部门更是如此。所以公司向党学习，既有终极目标，又有三个十年目标，每个十年目标又分解成每年目标。尚为每年有一个主题：筹备年、生存年、突破年、拓展年、品质年、务实年、作为年、安全年、革命年、执行年、绩效年、颠覆年、危机年、高效年、问题年等。这些目标都要分解到各个系统各个部门，各部门的负责人都有一种使命感，意识到自己部门没有完成公司分解的目标，就意味着拖公司后腿。让团队所有成员树立完成公司目标人人有责的意识，而部门目标组成公司目标，所以部门目标人人有责。将部门目标分解到个人并确保实现，是承担责任的主要方式。通过这种方式，尚为团队的目标感特别强烈，目标分解真正实现责任到人。

管理者第三个深度思考就是认识到目标管理是管理的核心工作。一个管理者的工作职责和具体事务是非常繁杂的，重要的工作有很多，但最核心的工作就是目标管理：每个部门要有目标，每个员工要有目标，每次会议、员工谈话、团队培训、宣传工作等都要先设立目标或者明确目的，在执行的过程要围绕目标做，评判工作好坏的唯一标准是目标是否实现，评判言行与事物好坏的标准是是否有利于目标实现，有利于目标实现的就大胆说大胆做，不利于目标实现的不做、少做。

目标管理已经成为尚为干部的入门培训课，人人要学，人人要会，因为目标管理对团队的作用巨大，可以发挥员工的潜能，激发团队意识，增强危机意识，增进上下级感情，消除本位意识，提升组织效率，掌握重点工作。在尚为，不围绕目标来开展管理工作的干部不是好干部，不围绕目标做事的行为是不合规的行为。

五年规划是公司制度汇编中第一个文件，员工入职第一课就是学习公司五年规划。部门负责人要认真学习并研究公司的愿景和五年规划，深刻领会公司长远追求和近期发展方向，结合公司战略与发展方向制定部门近三至五年发展规划，报公司审批通过后实施。根据部门规划制定和分解成年度规划、季度目标、月度工作计划、周工作计划，从而培养目标意识与规划思维，真正实现目标引领付出、规划引领布局。

员工启发：九牛之人与人生规划

对个人而言，目标同样十分重要。哈佛大学对 3000 名年轻人进行 20 年的跟踪调查发现：27% 的人从来没有目标，大部分生活在社会的最底层；60% 的人目标比较模糊，几乎都生活在社会的中下层；

10% 的人有比较清晰但大多是短期的目标，大部分生活在社会的中上层；3% 的人有十分清晰且长期的目标，几乎都成为社会各界顶尖成功人士。调查结论表明：目标对人生有巨大的导向性作用，成功在一开始仅仅是一种选择，你选择什么样的目标，就会有什么样的人生。

干部如何将目标传导到部门，是一件既重要又困难的事情，因为目标不是一个人的事，只有当所有部门成员认同并愿意追求，目标才能发挥真正的价值，否则只能成为口号。所以员工如何从党的目标远大与科学规划中得到启发，并结合公司和部门的远大目标落实到岗位工作中去，是我们向党学习“四步法则”的第四步。一个员工刚刚加入团队，或者一个大学生刚刚踏入社会，要想生存下去并不容易，我们作为员工的领导或老师，将他们培养成为合格人才是非常困难的。但从党的目标远大中可以得到很多启发，目标不仅对政党组织、企业组织很重要，对一个管理者乃至个人也非常重要，每一个想要追求成功的年轻人首先要有目标，而且要有远大目标与人生理想。

尚为成立之初流传一个九牛之人的故事。古时候有一个年轻人想要用九头牛娶一个姑娘。当地每个姑娘的彩礼都是用牛来计算的，由村里长者统一评定，最多九头牛。因为村里长者只给姑娘评了三头牛，所以她父亲不同意。最后在村里长者劝说下，姑娘的父亲才同意收下九头牛彩礼。几年后，老两口去看望女儿，村里正在看戏，戏台上的姑娘边唱边跳，如花似玉、才貌双全，突然从舞台上跳下来扑到老人怀里大喊父亲。老人大吃一惊，以为姑娘认错人了，仔细一看还真是自家女儿。老人惊问女儿变化怎么如此之大？女儿说：

“自从被夫君用九头牛娶回家就压力很大，于是每天向村里九牛之人媳妇学习，学她们说话、走路、着装、才艺，久而久之就变成这样了。”

九牛之人的故事让每个员工认识到远大目标的重要性。尚为管理者会不厌其烦地给员工们讲目标远大和人生理想的重要性，所以长期追随公司发展的员工都有强烈的目标感、上进心与事业心，今天这些员工绝大部分已成长为公司高管。大学生在学校有一门课不能挂科，那就是人生理想课，思想有多远，就能走多远，梦想有多大，舞台就有多大，目标有多大，事业就能做多大。因为毕业后在生活和工作中都将面临无数困难、挫折与挑战，而理想信念的精神力量是无穷的，能够在痛苦、无助、迷茫、委屈的时候让大家变得坚强、执着、有韧性，摔倒了有爬起来继续前行的勇气。现在很多年轻人遇到挫折和困难就抱怨，甚至放弃，经受生活的风吹雨打就想着轻生或自暴自弃，往往是因为心中没有理想追求，甚至没有人生规划和职业规划，这是可怕也是可悲的。所以学校老师有责任帮助学生树立人生理想与目标，单位领导有责任帮助年轻员工清楚人生规划和职业规划，激发他们对高目标的追求，就能避免年轻人“躺平”，年轻人的激情、斗志、活力与潜力是不可估量的。

生活不只是眼前的苟且，还有诗和远方。用这样的方式鼓励员工、激发大家，同时又严肃地告诫大家，把理想和目标暂时放下，把它装在心里封存起来，因为我们必须面对眼前残酷的现实。所以个人发展要明确不同阶段定位和阶段目标，明白一个阶段做一个阶段的事情。管理层干部帮助员工不断做细分量化，将目标务实地分解到年、季、月、周、天。分解后的目标成了员工的任务与方向，经过不断强化与行动，个人和团队的目标感就培养起来了。生活目标也通过这种方式设定并分解，恋爱、结婚、生子、买车、买房等，既有诗和远方的追求与浪漫，又能清醒面对眼前的柴米油盐酱醋茶。

大学生毕业初入社会、新员工加入一个企业、农村孩子想要跳出农门，往往面临环境艰苦、条件不好、经验不足的问题，总之一句话，无论组织还是个人刚起步时通常缺乏物质力量，需要靠精神力量去弥补，用精神力量战胜困难，慢慢积累和改善物质力量。而目标会让人产生动力与强大精神力量，所以组织与个人起步时一定要树立远大目标，科学规划。这就是我们从党的目标远大和科学规划中得到的认知与感悟，从公司如何学习到管理层干部如何思考运用，最后员工受到启发并在工作生活中借鉴，既有智慧启迪、明确方向，又有精神赋能注入动力，以党为师、以党为例大大增强说服力，而且具体形象。在十几年的创业过程中，公司从无到有、从小到大、从弱到强，从精神上团队始终保持一种强大激情与动力，从思想上面对现实困难与挫折又有坚强毅力与韧劲，从行动上做好目标管理与规划，一步一步帮助个人与公司取得成功。

第二章 宗旨为民与抗洪抗震救灾

一个优秀的组织必须有使命、愿景与价值观。我们在前文介绍了向党学习目标远大，从管理学角度来说就是组织愿景。这一章我们重点探讨组织使命，尤其是组织使命中的重要组成部分——组织宗旨，在后文我们还会围绕组织价值观进行专门阐述。愿景是解决一个组织要到哪里去，而使命解决的是我们是谁、我们为什么去、我们存在的意义和去那里的动机，而价值观解决的是如何去到那里的标准与原则。所以一个组织首先要确立使命，再来树立愿景，最后再明确价值观。组织使命包含组织哲学和组织宗旨两方面内容，即组织的宗旨和目的，反映一个组织存在的特定使命或价值，是一个组织的灵魂。任何一个组织或企业只有明确了自己存在的使命与理由，知道自己从生到死的目标，才能去做正确的事情，才能设定自己的组织愿景。组织宗旨是一个组织的基本目的，反映社会对组织的要求，体现组织成员的共同追求和抱负，是组织使命主要组成内容，对一个组织的发展有特别关键的作用，既会影响组织愿景的构建，又会影响组织价值观的形成。如果一个组织的创办者明白了这些道理与内在联系，在组织创办之初就会花大量精力去研讨梳理，并不断清晰明确完善，最终形成组织文化的核心要素：愿景、使命、价值观，从而推动组织文化作为组织核心竞争力的形成。尚为在成立之初花了七个月进行筹备，有很大一部分时间与精力花在企业核心理念的研究上，从党的远大目标、使命宗旨、价值观中借鉴大量先进思想与理念。

党的全心全意为人民服务与抗洪抗震救灾

封建社会末期，闭关锁国与故步自封导致我国逐步落后于西方。特别是鸦片战争后，积贫积弱，国力衰败，西方列强对我国实行武力侵略和野蛮瓜分，逼迫中国签订了大量不平等条约，不仅摧垮了国家经济，造成社会动荡，也摧垮了广大民众信心，给中华民族带来了巨大的灾难。

面对民族危亡，大批爱国青年仁人志士纷纷站起来，救亡图存，各种政党如雨后春笋般孕育而生。据不完全统计，19 世纪以来，先后诞生了两百多个政党，既然已经有了众多的政党，为什么还要在 1921 年成立一个新的政党组织呢？因为这些政党都是为少数人谋利益的政党，而中国共产党是为广大劳苦大众建党的政党，以工人阶级为主导、工农联盟为基础，将全心全意为人民服务作为宗旨的政党。在中国建立了第一个真正为多数人谋利益的政党，这是一个非常伟大的创举，也是中国共产党有别于其他政党的根本标志。

自古以来，得民心者得天下，失民心者失天下，民惟邦本，本固邦宁。孟子提出：民为贵，社稷次之，君为轻。人民群众的力量是无穷的，所谓水能载舟亦能覆舟，人民就是水。习近平总书记在庆祝中国共产党成立一百周年大会上的讲话强调："江山就是人民、人民就是江山，打江山、守江山，守的是人民的心。"

将全心全意为人民服务作为一个政党的根本宗旨是一种大智慧。当党以人民为中心，为人民谋幸福，全心全意为人民服务，人民就会支持你，人民的力量就能为你所用，当有人反对和破坏这样的政党，人民就会保护你、捍卫你，用人民的力量去反对那些反对的人。立党为公，执政为民，就能让中国共产党立于不败之地，从一个成功走向更大的成功。

如何为人民服务呢？首先是把人民放在心中最高位置，来自人民、植根人民。党没有任何自己的特殊利益，党的奋斗目标和人民的希望诉求相一致，党与人民一体同心，休戚与共，生死相依，始终把人民放在第一位，与人民心心相印，同甘共苦，团结奋斗，形成了不可分割的紧密联系。

相信人民，依靠人民。中国共产党最广泛地发动和组织人民，为人民利益而奋斗，战胜一个又一个困难，取得一个又一个胜利。革命年代，人民群众筑成红军时期的"铜墙铁壁"，汇成抗日战争中的"汪洋大海"，用人力车推出淮海战役的胜利，用小木船划出渡江战役的胜利。改革开放以来，中国共产党始终与群众有福同享、有难同当、有盐同咸、无盐同淡，永远为人民利益而奋斗，创造了让世界刮目相看的奇迹。

让人民过上好日子，让人民站起来、富起来、强起来。通过"推翻三座大山"，让人民不再受外来列强凌辱，不受国内强权剥削；通过改革开放，让人民群众过上小康生活；通过精准扶贫，让千万贫困群众脱贫。今天的中国，人民生活由温饱不足到全面小康，历史性地解决了绝对贫困问题。

党在全心全意为人民服务的过程中涌现了很多典型代表：张思德、焦裕禄、雷锋、孔繁森、李素丽、李国安、任长霞等，每个人在自己平凡的岗位做出了不平凡的贡献，真正做到了全心全意为人民服务。在长征路上最艰苦的岁月里，半条被子的故事感人至深。三名女红军把自己仅有的一床被子剪下一半给老人留下了，老人说："什么是共产党？共产党就是自己有一条被子，也要剪下半条给老百姓的人。"

党在全心全意为人民服务的过程中铸造了抗洪精神。1998 年夏，我国江南、华南大部分地区及北方局部发生了特大洪水，尤其是江西九江遭遇了百年不遇特大洪水，防洪墙塌陷决口，江水涌入郊区，解放军官兵、武警战士与广大抗洪干部群众发扬"万众一心、众志成城、不怕困难、顽强拼搏、坚韧不拔、敢于胜利"的伟大抗洪精神，舍生忘死，浴血奋战，终于成功将决口堵住，创造了人间奇迹，挽救了无数人民群众的生命和财产，全国各地的抗洪救灾取得全面胜利。抗洪精神实现了党心、民心、军民的空前凝聚，是党、政府和军队的整体形象的集中展示，充分体现了中国共产党把人民放在心中最高位置，真正做到人民至上，人民的利益至上，生动诠释了党、政府和军队全心全意为人民服务的宗旨。

党在全心全意为人民服务的过程中铸造了伟大的抗震救灾精神。抗震救灾精神是党和人民极为宝贵的精神财富，是党和军队光荣传统和优良作风的集中体现和新的发展。从最早的唐山到汶川、玉树再到芦山、鲁甸，在一次次地震灾难中，"万众一心、众志成城、不畏艰险、百折不挠、以人为本、尊重科学”的伟大抗震救灾精神不断升华，中华民族体现出强大的凝聚力、向心力，一次又一次全面生动体现了党和政府坚持人民至上、生命至上的全心全意为人民服务的根本宗旨与坚定信念。

尚为学习：全心全意为客户服务和抢险救援

尚为创业者从党的使命和全心全意为人民服务宗旨中深受启发，创业团队在内心深处反问自己为什么要创办尚为、为谁创办尚为，最终确定了我们的使命和宗旨。

尚为的使命是为伙伴提供合作平台，尚为的宗旨是以客户为中心，全心全意为客户服务。要求全员认识到没有客户的信任和支持，就没有尚为的生存与发展，公司就无法正常运行，员工个人生存和家庭保障就无法实现。要求员工理解并尊重暂时不认可不支持我们的客户，客户没有义务帮助我们，要用真诚、耐心、专业、用心的态度和踏实的行动去感动客户，把不认可转变成认可，把不满意转变成满意，真正做到客户虐我千百遍，我待客户如初恋。要求全员做到客户至上，真正把客户当成我们心目中最重要的人，学会跟客户交朋友，把客户当成亲人和家人，培养忠诚客户。要求员工真正认识到客户的需要是我们存在的唯一价值，认真细致了解客户需求和潜在需求，寻找客户痛点，想客户所想，急客户所急，用心制定解决方案，满足客户需求，解决客户痛点。

了解客户需求才能真正做好服务。通过“十万个为什么”来进行客户信息调查，从“人、机、料、法、环”五个方面展开。对每一个客户单位都要做出详细的客户调查报告，真正了解客户的需求与关心的问题，寻找客户一直未解决的痛点。几千名市场销售一线人员收集到的信息，成为研发部门产品研发立项的参考依据。项目立项后的初设方案，研发人员或者技术支持人员要亲自与专业客户进行交流，多次项目评审不断修订完善，样品出来后还要与有关客户进行探讨，再逐步小批量试产与试用，最后项目定型，实现大批量生产与销售。

制订专业的产品解决方案。通过详细的调研信息，对客户环境进行分析，制订专业的产品解决方案。这些方案做到从客户中来，到客户中去，从客户需求出发，力求解决客户痛点，真正服务于客户需要、想要，而不是我们想要或认为客户需要。

提出先进的服务理念。为了更好服务客户，我们明确了服务理念：热情快捷、安全可靠，保证物有所值，追求物超所值。制定了服务制度，统一建立客户服务档案，档案表格有十几种，将服务制度化、标准化，从而让全员的服务态度和行动有了制度保证。

建立完善的服务网络与体系。为了更好服务客户，尚为用十年时间在全国三百个地级城市建立了服务网点，通过一千多个服务部门服务全国近三千个县区客户，通过服务网络的持续投入与构建，真正打造出立体服务体系和能力，从而强有力地保障了服务理念和承诺真正实现，做到了二十四小时全天候服务，四小时到达县城，八小时到达乡镇，将全心全意为客户服务打造成真正的核心竞争力。

重视服务能力的打造与落地。推出了售前、售中、售后服务，提出服务不是维修，服务是为客户创造价值的体力和脑力劳动，推出培训服务、状态检修服务、售后服务、方案服务，每年全员一致行动，有春检行动、秋检行动、防汛行动、应急联动、蝗虫行动、擦灰擦鸟粪行动，各种服务行为的目的是让客户满意，而让客户满意的唯一标准是感动客户，凡是感动不了客户的服务都是一般劳动。

尚为内部同样强化以客户为中心的宗旨。每个部门和岗位首先要在内部寻找到自己的客户，凡是不清楚客户在哪的部门是没有价值的部门，没有存在的必要，明确规定下一道工序是上一道工序的客户。要求用服务市场客户的理念、标准和方法来服务内部客户，在服务客户过程中创造部门价值。

创业团队把“为伙伴提供合作平台”作为尚为使命。这是我们内心最真实的创业动机。首先把公司定位为一个平台，公司不是某一个人或某一些人的，而是所有利益相关者的，大家共同把平台做大，让更多人可以在平台上合作与学习、成长，通过在平台上艰苦付出创造价值来得到认可与回报，不断推动平台发展壮大，自己施展才华的空间也越来越大，因此每个人既是平台的建设者，又是平台的受益者。

哪些人是伙伴呢？所有利益相关者都是这个平台的伙伴。员工是这个平台的建设者和守护者，在这个舞台上找到自己施展才华的空间；客户通过这个平台得到想要的产品和服务，同时创造价值帮助平台做强做大；供应链为平台提供合格的产品与服务，帮助平台满足客户需要并得到回报；政府、银行、合作商等相关部门为平台提供服务、创造价值、获得回报。

尚为十几年如一日参与社会救援。在全国三十一个省市成立应急照明救援队，现在每年救援近百次，十几年来累计近千次。参与过地震、洪水、台风、飞机失事、动车出轨、轮船倾覆、大楼倒塌、化工爆炸、井下矿难等各种自然灾难与社会灾难事故救援。公司在全国三百座城市打造的几千人的销售服务和技术支持系统以及当地充足的照明产品和几千部车辆是我们能够参与这种社会救援的前提保障。员工中分布在全国的几百名共产党员是重要的先锋队。在近千次救援中尚为干部员工在思想认识上得到了极大的提高，社会责任感明显增强。在十几年的抢险救援中，公司铸造了主动承担、快速响应、不怕困难、顽强拼搏、艰苦奋斗、乐于奉献的救援精神，成为尚为宝贵的精神财富，激励着全体干部员工努力工作、长期奋斗。抢险救援不仅体现了尚为强烈的社会责任感，也是全心全意为客户服务宗旨的生动诠释。除了在各种救援现场会偶遇各行各业赶来参加救援的客户，也会提前主动询问相关客户是否参与救援行动，从而与客户合作共同参与救援。很多客户平常有夜间施工、突发抢修、应急演练、野外拉练、重大保电等特殊工作，往往对应急照明系统有特殊需求，经常向尚为寻求专业帮助，市场团队总是有求必应，有时候也会主动询问客户是否有困难需要支援，与客户建立应急联动，真正保障客户需求，体现了为伙伴提供平台的使命和全心全意为客户服务的宗旨。

这就是尚为的使命与宗旨，成立之初向党学习借鉴，创始团队长期坚信，还带领全体干部员工认同并十年如一日践行并捍卫，不断完善逐步深入人心，对内形成了有竞争力的尚为文化，对外树立了有影响力的尚为品牌。

管理者思考：管理就是服务他人创造价值

管理者无论是管理公司、部门还是车间班组，都要思考团队存在的价值。团队价值评判的标准不是态度好坏、素质高低、能力强弱，而是能否满足客户需要。一个不被需要的团队是没有价值的，自然就没有存在的必要。

人体有八大系统和七十八种器官，每个器官对人体都有价值，随着人类不断进化，有些器官的价值越来越小，甚至几乎没有价值，比如智齿、鼻窦、阑尾、尾骨、犁鼻器、半月皱襞等，当它们产生病变时，我们都可在第一时间将其切除掉。

管理者要树立客户意识和价值导向才能做到全心全意为客户服务，真正树立以客户为中心而不是以领导为中心，以价值为导向而不是以事务为导向。营销人员和服务人员比较容易识别客户，其他工作岗位的客户往往不明显，所以管理者要有强烈的客户意识，最重要的工作就是在内部不断寻找到自己部门的客户以及管理者个人的客户，长期不断挖掘客户需求，坚持不懈研究并完善客户解决方案，高度关注所做工作是否为客户创造价值，重视内部客户评价与满意度反馈。

管理者要善于建立以客户为中心的流程，才能真正保障团队逐步建立客户意识与用户思维。流程的每一个节点和细节都是围绕如何更好服务客户、满足需求、客户便捷、客户感受、客户价值，精心设计的流程成为具体工作标准与要求，从制度上、流程上保证了以客户为中心的一致性和可靠性，让团队在长期执行流程中点亮服务意识，从而保证全心全意为客户服务得到落实而不是一句漂亮的口号。

管理者要养成换位思考的习惯，才能逐步做到以客户为中心。“施诸己而不愿，亦勿施于人。”只有站在客户的角度和对方的位置设身处地为对方着想，才能获得真实的体验感，也才能找到管理中的问题，从而不断改进工作，完善手段，真正实现让客户满意，否则很容易出现好心办坏事的情况。为客户做了很多工作，却得不到客户认可，自己反而很委屈。狗狗小玻到猫咪海伦家做客，海伦非常热情，用自己平常舍不得吃的鱼来招待小玻，小玻一条也没吃，后来再也不去海伦家了，海伦一直不明白哪里做错了。这个故事，就生动形象地说明了换位思考的重要性。

管理者只有善于倾听与提问，才能真正捕捉与发现客户需求。很多管理者做不到以客户为中心，往往是因为以自我为中心来错误判断客户，喜欢以主观想法来揣摩客户或替代客户想法，形成错觉与误解，全心全意为“主观想法”服务，从而发现不了客户的真正需求，更满足不了客户的真正需求。所以管理者不仅要善于表达，更要善于倾听，不耻下问，谦虚请教，才能找到真相。

优秀的管理者把所有人和部门当成自己的客户。普通管理者往往把领导当客户，把有事相求的部门当客户，显得功利与短视。在优秀的管理者眼里，工作与生活中有交集的人都是客户。工作中无论是领导还是下属，无论是本部门同事还是其他部门同事，无论是工作上有直接关联还是间接关联，都以客户心态对待。生活中无论是父母妻儿还是兄弟姐妹，无论是同学朋友还是普通人，都以客户心态对待。尊重重视、热情亲和、平等相待、换位思考，让每一个与之相识相处之人都能够感到舒适，得到大多数人的信任与支持。

优秀的管理者把下属当成最重要的客户来管理。普通管理者摆起架子当领导，把下属当成自己的依附，对员工颐指气使，大呼小叫，下属心怀怨恨又敢怒不敢言，虽然对公司认可，却因领导的飞扬跋扈不得不离开公司和团队。要么工作热情受到严重打击，远离领导混日子，团队成一盘散沙，没有凝聚力和战斗力。而这样的管理者又希望自己的上级领导能够尊重自己、关心自己。优秀的管理者把下属当客户，具有服务意识和平等心态，经常换位思考，了解下属的感受与想法，关心下属的利益与诉求，真心实意为员工着想，为员工排忧解难。员工们都非常喜欢这样的领导，工作热情高涨，斗志高扬，齐心协力，万众一心，团队迸发出强大的凝聚力、向心力、战斗力。正所谓“所恶于上，毋以使下；所恶于下，毋以事上；所恶于前，毋以先后；所恶于后，毋以从前；所恶于右，毋以交于左；所恶于左，毋以交于右”。

服务是组织为客户创造价值的主要形式，是指为他人做事，并使他人从中受益的一种有偿或者无偿的活动。从某种意义上来说，工作本身就是服务，每个部门都是服务部门，每个管理者都是服务员，所做的一切努力都是为了给他人提供更好的服务；从更广义的角度来看，提供产品与提供解决方案也是一种服务。所以管理者只有具备服务意识和定位才能摆正自己的位置，端正自己的态度，待人温和、为人友善、对人尊重，用良好的服务态度和专业的服务能力主动去解决内部和外部客户的需求与痛点，真正让客户满意，从而实现以客户为中心，全心全意为客户服务。

员工启发：无私才能成私，利他就是最大的利己

年轻一代知识面广，知识结构完善，视角独特，眼界开阔，人格独立自信，综合素质和文化程度更高，信息摄取丰富，为个人成功打下了坚实的基础。尚为和尚为的管理层干部从党全心全意为人民服务的根本宗旨中学习到了强烈的服务意识。作为员工和个体，尤其是年轻人，无论在企业还是在社会立足都需要这种强烈的服务意识，而年轻人在这方面往往比较欠缺。

人不能失去自我。每个人都需要有自我，但不能只活在自我的世界里，更不能以自我为中心。以自我为中心的人往往只希望满足自己的欲望，要求人人为他自己，却不管他人的需求与感受，不懂关心他人，更不愿为他人付出与牺牲，表现为自私自利，损人利己，不能吃亏只能占便宜，要求所有人都以他为中心。在一个组织中，这种人不讲集体纪律，不能服从他人与集体，凌驾于组织之上，无组织无纪律，目中无人，冷漠无情，为了满足个人需要，不惜牺牲群体利益。为人固执倔强，听不进他人意见，学习意识差，不愿意改变，成长缓慢。以自我为中心没有任何服务意识的个人是危险的，既无法融入群体得到他人认可与支持，又无法自我觉察、自我管理、自我学习、自我改变、自我成长，工作上很难取得成功，生活中通常比较孤独，总是感叹社会不公命运不济。

每个人都需要有利他精神。人的本性中有自私的一面，自私就是指只从个人角度出发，只考虑个人需要，只关注个人利益。客观来看，自私不是坏的，是人类生存的需要，每个人都应该为自己考

虑，如果个体都不为自己考虑，又如何指望他人为自己考虑。但是人不能只从自己的角度出发，人类如果只会从自己的角度出发，人与人之间就会陷入无休止的自私自利争斗中，从而两败俱伤，无法和平相处，更无法团结合作共同抵御自然界的风险，人类就无法战胜自然界的困难，成为地球的主人。从这个角度看，过度追求自我与自私，最后伤害的往往也是自我，从个人利益角度来衡量，是不值得的，对个人利益是有害的。所以马克思说，一个健康的人应该是既自私又无私的，他既能够满足自己的需要，同时又在别人需要的时候主动付出。弗里德曼说，无私是最正大光明的利己。一个人学会从他人角度出发，先考虑他人需要，先关心他人利益，就会得到他人认可甚至感激，从而得到他人支持与帮助，最后更有助于满足自己的需要，实现自己的利益，这就是利他的价值与无私的力量。

从生存角度深层次思考，人类要放下自私，共同合作。人类从一开始就发现单打独斗是无法生存的，必须一群人在一起组成一个部落，才能搭建住所抵御自然界恶劣环境，才能少受洪水、猛兽侵犯，才能通过共同劳动解决食物不足的问题，所以人类祖先一直过的是群居生活。

从个人长远利益角度出发，个人要优先考虑他人利益。利益是指对个人长远有好处的事物。从短期看，利他未必马上能够让个人利益得到实现，甚至可能损害个人眼前利益；但从长远来看，利他对实现个人利益会产生很大帮助，所以吃亏是福。占便宜就是吃大亏，因为人都喜欢占便宜不喜欢吃亏，如果经常占便宜会让他人记恨在心，要么远离你，要么找机会抢回吃亏的损失，最终让你得不偿失。反之经常吃一点眼前亏的人，会容易得到他人的认可与帮助，最终个人利益得到更好实现。

从个人利益最大化角度出发，个人要先考虑组织与集体利益。随着科技飞速进步和生产力不断提高，当今世界分工越来越细，一个人单独完成某项工作越来越困难，通过单独完成工作创造的价值也越来越小，集体合作、组织协同成了人类劳动的主要形式。所以个体必须融入集体和团队，正确认识个体与组织的关系，正确看待个体利益与团队利益的统一，只有理性调节个体自私与无私，才能真正获得成功。懂得个人服从组织，下级服从上级，局部服从整体，才能处理好个体与组织的关系。懂得集体利益高于个人利益，通过共同合作，创造更大集体利益，再来分配个人利益，满足个人需要，从而实现个人利益最大化，这就是为什么当今很多大企业的管理者比小企业主的收益还要高。

用无私成其私。《道德经》里面有这么一段话：“天长地久。天地所以能长且久者，以其不自生，故能长生。是以圣人后其身而身先，外其身而身存，非以其无私邪？故能成其私。”天地为什么能长久，是因为无私才长久。圣人把自己放在众人后面，反而超越了众人，把自身置之度外，不为自己考虑，最终却反而保全自己。这正是因为圣人无私，最终反而成就了他的私心。

这就是尚为的干部员工从党的全心全意为人民服务和抗洪救灾中所学到的道理与受到的启发，结合企业的实际情况与个人的理解运用到企业的经营实践与个人的工作和管理实践中去，发挥了重要作用，既取得了有形的成果，更注入了无形的精神动能，已经成为我们对内凝聚员工、部门协作和对外凝聚客户、克敌制胜的法宝，逐步成为尚为核心竞争力的一部分。

第三章 根据地建设与农村包围城市

一个企业正式诞生后，解决了使命、愿景、价值观的问题，不代表必然走向成功，只能说指明了企业长远发展的方向，但企业首先面临的是生存问题。今天，创业要想获得成功，变得越来越困难，国内创业失败率高达90%，甚至更高，尤其是随着国民经济增速放缓，每个行业的市场增量在减少，初创企业面临与成熟企业争夺存量市场的问题，这种现象不是仅在某个行业或几个行业，几乎是所有行业都面临同样问题，这就是我们常说的内卷。而初创企业往往在资金、技术、人才、产品、品牌等硬实力方面比较欠缺，无法跟成熟企业相比，很难进行直接竞争。如何活下去与如何参与市场竞争是摆在创业者和管理者面前的首要问题。尚为于2009年成立之初只有三十几人，正赶上百年难遇的金融危机，同时行业竞争对手众多，工业照明这个细分领域仅上市公司就有两家。面对严峻的经济形势与残酷的竞争环境，如何生存下来是摆在尚为创业团队面前的首要任务。中国共产党成立之初只有五十几人，同样面临如何生存下去的问题。为了活下去，无数共产党人做了大量前仆后继的探索与斗争，经历过各种挫折与失败。无数的共产党人为了新中国的诞生而献出宝贵的生命，最终探索出来了一条生存与发展的成功道路，积累了大量宝贵的经验，不仅对其他政党组织有借鉴意义，对企业组织同样有重要借鉴意义。尤其是在早期与国民党实力悬殊的巨大困难面前，毛泽东提出到农村建立根据地以及农村包围城市的生存战略与竞争策略，对尚为创业团队产生了极大的启发，对尚为的早期生存方式与市场竞争策略有重要的影响和借鉴作用。

党的根据地建设与农村包围城市

中国共产党从 1921 年成立到 1927 年期间，进行了艰苦卓绝的探索，取得了很大的发展，党员人数从最初的 50 多人发展到 5.8 万人。1927 年大革命失败，党组织的力量遭受了巨大损失，同年进行的南昌起义、秋收起义、广州起义给予国民党反动派沉重打击，但最终因为敌我力量悬殊，以失败告终。毛泽东放弃攻打中心城市长沙的任务，带领部队经过三湾改编，上了井冈山，开辟了我党第一个农村革命根据地，点燃了工农武装割据的星星之火，为中国革命的中心工作完成从城市到农村的伟大战略转移，开辟了农村包围城市武装夺取政权新的道路。

为什么要建立根据地？党有了根据地，就有了可以执行自己的战略任务，达到保存和发展自己、消灭和驱逐敌人之目的的战备基地。在井冈山革命根据地探索的基础上，我党在土地革命时期建立了中央苏区、湘鄂西、鄂豫皖、闽浙赣、湘鄂赣、左右江和滇黔桂边区游击、海陆丰和东江、琼崖、湘赣、闽东闽南闽中、通海如泰、湘鄂川黔、川陕、鄂豫陕等众多根据地。

井冈山农村革命根据地的创立，在中国革命斗争史上的意义是无法估量的。极大地鼓舞了共产党人进行武装斗争的斗志，坚定了革命必胜的信念。在井冈山红旗的指引下，各地被打散了的革命力量又纷纷聚集起来，星星之火终成燎原之势。各地的革命力量受到了井冈山农村革命根据地的启发，纷纷建立根据地。借鉴井冈山农村革命根据地经验，在建立的过程中，不断完善创新，极大丰富了根据地建设的理论与经验，革命力量在根据地不断扎根长大，不断发展壮大。

抗日战争时期，我党建立众多抗日根据地：晋察冀、晋绥、晋冀豫、冀鲁豫、山东、河南（豫西）、苏北、苏中、苏南、苏浙皖、淮北、淮南、皖江、浙东、鄂豫、湘鄂赣、东江、琼崖、陕甘宁，这些根据地的创建积蓄了大量的抗日力量，牵制了大量日本侵华兵力。抗日根据地的存在，打乱了敌人作战的前线与后方划分，形成了敌我双方多层复杂的包围与反包围军事态势，形成了犬牙交错的战争形态，为抗日战争的完全胜利做出了极为重要的贡献。

解放战争中建立了东北根据地，发展了东北、华东、华中、西北等广大解放区。这些根据地和解放区的建立与发展，逐步扩大了农村包围城市的战略态势，对最后夺取全国胜利起到了决定性的战略作用。上述不同时期根据地建设的做法总体上遵从农村包围城市的战略原则，都建立在广大农村、敌后、偏远地区、山区、敌人势力薄弱地区，从而大大增强这些根据地的存活能力。

新中国成立初期，如何进行社会主义建设我党是没有经验可循的，党的做法是先行先试，先试点、后总结、再推广，实际上是依靠新时期的根据地建立和农村包围城市思想。十一届三中全会提出以经济建设为中心，实行改革开放，同样没有经验可循。小平同志的指导思想是：胆子可以再大一点，步子可以再快一点，在深圳、厦门等几个地方成立经济特区搞试点，取得成功做法后再推广到全国。这些经济特区其实就是根据地，是新阶段的农村包围城市，深圳就是新时期的井冈山。

那到底什么是根据地呢？根据地是赖以存在的基地、基础。根据地有哪些作用？根据地可以摸清事物发展规律，积累成功经验与理论，积累生存资源，建立样板，培养干部与人才，积累组织士气与信心，坚定理想信念，可以成为尝试新生事物的试验田，可以帮助组织先生存下来。

农村包围城市是以毛泽东为代表的中国共产党人在领导中国民主革命的实践中逐步摸索出来的一条具有中国特色的发展道路和总战略，包含避实击虚、保存有生力量、以面制点、战略转移和地缘经济等战略意义。

建设根据地和农村包围城市的思想与战略不仅体现在革命战争年代，在党的百年奋斗历程中的方方面面都有体现，既体现了党的智慧，又是一种务实做法，更是最好的试错、创新与竞争的办法，对今天经济建设、经营管理有十分重要的指导意义。

尚为学习：根据地打造与差异化竞争

2009年的工业照明市场竞争十分激烈，竞争企业众多。面对残酷的竞争环境、百年难遇的金融危机和严峻的经济形势，尚为该如何活下来呢？

我们深入研究了党的根据地建设和农村包围城市思想理论和战略战术，结合尚为的实际情况，制定了尚为的农村包围城市、建设根据地的生存策略。

首先，资源越缺乏就越要聚焦，绝对不能撒胡椒面摊大饼。尚为把资源集中在市场营销团队和研发团队的打造，其他部门资源投入几乎忽略不计。总部机关包括总经理在内只有三人，办公室面积一百平方米，每月租金四千元。工人四人，工厂面积一千平方米，租金一万元，在附近城市倒闭的工厂里面花了两万元买了两卡车二手生产设备，将成本开支压缩到了极致。

产品是市场竞争的重要武器，所以产品开发是关键工作。尚为采取的策略是打造精品，建立产品根据地，产品在精不在多，认真研究优先开发行业所需主要产品，先把主打产品做好，这样所需资源就可控。早期只有三位研发人员，每人负责两款产品开发，大家发扬主人翁责任感和艰苦奋斗精神，将每款产品打造成精品。同时采用农村包围城市做法，对产品进行创新，每款产品与竞争对手最少要有三个以上的差异点，通常这些创新点是客户存在需求而又没有被竞争对手重视的，从而实现产品上的差异化竞争。客观地说，包括尚为在内的初创公司很难在技术能力、制造能力、供应链能力、品质管控能力等硬实力上跟成熟企业抗衡，必须在产品上进行差异化竞争。有的是竞争对手不愿意投入精力去做的小众需求，有的是大众产品中的一些细节和不被重视的需求，或者重视这些需求可能要牺牲产品另外一些特性，很难兼顾，我们就要敢于在这些方面打差异化，获得一些由差异化带来的产品力，从而帮助销售团队在市场上进行有特色的差异化营销。

市场开发也采用根据地建设和农村包围城市的理念。我们的客户遍布全国各地，初期很难全部兼顾，必须在有限的地区先建立几个销售机构，这些办事处最重要的任务就是生存下来。为了活下来，办事处机构通常选择在主要竞争对手市场薄弱的省份，重点开发这些省份的边远地区。这些地区中竞争对手投入比较少或者不投入的客户单位，或者很多重要客户单位中被竞争对手忽视的部门与基层，还有不少跟主要竞争对手在长期合作中出现问题产生不满的客户单位，也是我们的重要机会，总之要用农村包围城市的做法在市场竞争中寻找到生存缝隙。

营销战术上也要采取农村包围城市做法。不断挖掘竞争对手产品无法满足的客户差异化需求，不断强化我们产品性能中的差异化特点，打造有尚为特色的差异化服务。在同一个市场中，运用压强原理采用更多营销资源投入的差异化营销，实现以多打少以大打小的“游击战”。走群众路线，加大班组和乡镇等基层客户使用单位的走访力量和服务频率，获得基层客户支持，通过勤奋、敬业、真诚、踏实打动客户，通过无微不至的服务与客户并肩作战共同劳动，感动客户。

在具体行业开发上也要聚焦，打造根据地行业。工业照明有几十个细分行业市场，早期也不能贪大求强，必须敢于取舍，将营销资源投入到一个行业中去。通过在一个行业建立根据地生存下来，积累资金、技术、产品、成功做法、样板、品牌、服务、团队、信心、客户，然后在时机成熟时再去开发更多的行业。那些行业开发同样要遵循根据地建设和农村包围城市的战略战术。

进行战略进攻时同样要聚焦。采用单点打穿，实现反超，不断积累优势，最后建立解放区。时机成熟后，要敢于果断打响“三大战役”和“渡江战役”，在正面战场进行集团军作战，敢于战斗，敢于胜利。近几年是尚为在工业照明各个细分行业的战略进攻期，研究和运用最多的是我党我军在解放战争时期的一些战略战术，成效显著。

经过2009年到2019年的艰苦奋斗，在根据地建设和农村包围城市的战略思想指引下，尚为初步实现了第一个“十年目标”。为了实现第二个“十年目标”，公司继续把根据地建设和农村包围城市作为指导思想，提出了“三大战略”，构建集团公司。三大战略包括“工业照明+”大营销战略、软硬兼施的大研发战略、智能化制造的大制造战略。

“工业照明+”大营销战略。就是把工业照明当成根据地，以此为基础向泛光电领域内其他细分照明行业市场进军。在教育照明、健康照明、亮化照明、智能照明、显示屏系统等十个细分市场，运用根据地建设和农村包围城市的思想进行内部创业孵化，先解决这些孵化企业的生存问题，再扶持这些企业不断发展壮大，用十到十五年的时间，复制十个“尚为”，打造一个集团化平台。

这些细分领域企业必须坚定走“专精特新”道路。采用市场专业化和技术专业化、产品精致化和管理精细化、产品独特化和服务特色化、道路创新和模式创新，从而构建生存力和竞争力。当这些企业做强做大后，继续成为新的根据地与新的企业孵化平台，重走长征路。每个新平台再用二十年时间孵化和复制十家更加细分市场的“专精特新”企业。

这样的思路能够解决企业生存与发展的瓶颈问题，通过第二增长曲线、第三增长曲线帮助企业不断成长发展，防止企业过早进入成熟停滞期，也能一步一步延伸企业的业务边界，用稳健的方式进行试错与创新，从而走到更广阔的领域，寻找更大的舞台，获得更大的发展。同时也能为长期追随这个平台发展的员工拓展更大的发展空间，实现自己的个人梦、创业梦，实现人生的价值，改变家庭乃至一个家族的命运。每一个家庭梦与尚为梦紧密相连，无数个尚为梦又组成了中国梦，每个个人梦想与企业梦的实现，也将推动中国梦的实现。

软硬兼施的大研发战略。在硬件技术这个根据地基础上，根据国家发展战略与技术发展趋势，坚决投入软件技术的能力打造，组建软件团队，逐步建立系统开发能力，最后构建围绕以照明场景应用为基础的工业物联网平台，实现从卖产品到卖方案最后卖系统乃至卖平台的转型升级。

智能化制造的大制造战略。在以手动为主的生产装配生产方式基础上，逐步引入数控生产和检测设备，不断提高生产过程的自动化程度，最终实现以数字化驱动的智能制造。在向智能制造转型的过程中，为了提高产品的竞争力，同时将产品的核心工艺中影响品质和性能的关键部件通过技术研究和消化，一点点地实现自研自产。

先建立一个生产小组，慢慢升级成一个车间，再升级为一个二级工厂，从而真正实现在制造领域同样构建竞争优势。

建设根据地的思想帮助公司在艰苦的环境中活下来。这十几年间我们在各个领域建立根据地，不同领域的根据地都能在某一个或几个方面积累生存与发展的资源要素，比如：研发根据地、制造根据地、管理根据地、创新根据地、宣传根据地、销售根据地、客户根据地、资金根据地、文化根据地、执行根据地、创业根据地、人才根据地等。这些根据地就像一个个碉堡一样坚固，就像一个个样板一样鲜活，帮助公司解决生存问题、提供方案、积累经验、建立信心、增强实力。

根据地建设思想与农村包围城市的战略战术在公司已经根深蒂固，深入人心，很多干部员工运用得炉火纯青，得心应手。这让我们处于劣势的时候保持了队伍的有生力量，在生存与发展过程中改变了敌我力量对比，让我们在经营管理中懂得根据环境变化采用运动战，学会战略性转移，取得成功的时候更懂得保住根据地、建设根据地、发展根据地，同时不断寻找企业生存发展的新农村。

管理者思考：敢于在一寸宽一尺深聚焦

管理者在日常管理工作中一定要深刻领悟根据地建设与农村包围城市的思想与精髓，不管是在资源使用、目标实现、打开局面、激烈竞争、攻坚克难、人才培养、管理团队，还是在文化建设等各项经营管理工作中，都可以大胆借鉴、灵活运用。

管理者要敢于资源聚焦。一个管理者无论职务多高，掌握的资源永远都是有限的，而要实现的目标往往是无限的，所以一定要懂得将资源聚焦，不能将资源像撒胡椒面一样平均投入各项工作中去，一定要有重点主次，将有限的资源投入关键的活动中，取得关键成果，再逐步分配资源到其他活动。

管理者要敢于将时间与精力聚焦。管理工作繁杂，问题繁多，管理者要做到全面兼顾，往往力不从心。人的时间与精力是有限的，要敢于将有限的时间与精力投入关键工作实现中与主要问题解决中去，才能赢得主动，依次解决。管理者要敢于将任务与目标聚焦，善于抓住主要方向，解决主要问题，完成关键任务，实现核心目标。聚焦就是在一寸宽一尺深开展工作，工作面越宽就越无法深入，无论是资源还是精力都会过度消耗，无法做深做透，无法取得成功。就像挖井取水一样，在十几个作业面各挖一米就出水的概率远远小于在一个作业面挖十几米。

管理者在攻坚克难时要敢于聚焦，将炮火向一个城墙口进行饱和攻击。市场开发、技术攻关、解决顽疾、打开局面，往往会出现一筹莫展、什么方法都试了就是不管用的情况，这个时候要懂得压强原理，力出一孔，利出一孔，全线压到一个关键点上，持续不断进攻才可能战胜困难。正所谓无论是石头掉到花瓶上还是花瓶掉到石头上，打破的都是花瓶，越聚焦，力量就越大，就越坚硬，遇到的问题与困难就越可能成为花瓶。

营销管理者更要懂得聚焦。产品推广、市场开发、行业拓展、客户维护、手段运用、问题攻关、人员培养、团队管理等对内对外工作不能贪大求全、全面撒网、多点开花，要善于使有限产品在有限行业的有限客户中重点突破与积累，再用蚕食政策拓展。

根据地建设教会管理者要有强烈的生存意识。团队只有先活下来，才有未来。根据地建设让管理者养成专注思维，在工作中要遵循从“专注”到“专业”，最后到“专家”的专业化道路。只有具备这种思维与精神，才能将工作一项一项地做深、做透、做扎实。根据地建设教会管理者一种突破思维。万事开头难，管理者在工作中经常遇到工作无法开展、项目无法推动的情况，这个时候就必须寻找突破点、切入点、机会点、薄弱环节，集中炮火向一个城墙口冲锋，就能撕开一个口子，打开工作局面，找到成功的通道。根据地建设教会管理者一种创新模式。管理者要想进行改革创新，可以先小范围试点，取得成功后再推广，这样的话，阻力小、风险低、成本少。

农村包围城市让管理者懂得不能照搬大企业或成功企业的经验。每个企业所处的阶段与环境是不同的，具备的资源与条件是不同的，面临的问题与困难也是不同的，所以不能盲目照搬照抄经验和做法，尤其当对方是成熟的大企业而我们是初创企业时更不能抄作业。在同一个公司内部，不同部门所处阶段与面临环境也是不一样的，也要根据不同环境与条件，将借鉴的做法进行因地制宜地优化，以适应部门需要。

农村包围城市教会管理者懂得以弱胜强的竞争策略。竞争是残酷的，面对强大竞争对手的激烈竞争，首先要懂得保全自己，不能以卵击石进行硬碰硬的正面斗争，要学会保持有生力量，避实就虚，懂得迂回。要学会在强者的夹缝中寻找生存空间与机会，要学会通过寻找和制造差异化，创造相对优势与机会，从而获得生存资源。在面对困境甚至绝境的时候，敢于进行战略性转移，甚至是艰苦的长征，在相对荒芜的空间寻找生存机会。

农村包围城市教会管理者懂得以柔克刚的管理策略。强势和强硬的管理容易造成冲突与对立，有时候表面上看似风平浪静，实际上团队内部氛围压抑，员工的不满因为惧怕不敢表达而隐藏在心中，工作热情受到打击，行动消极。《道德经》有言："人之生也柔弱，其死也坚强。草木之生也柔脆，其死也枯槁。故坚强者死之徒，柔弱者生之徒。是以兵强则灭，木强则折。强大处下，柔弱处上。"管理工作也是如此，不能一味强硬，要张弛有度。处理事务时，在制度流程的原则与底线面前该强硬的时候强硬，在非原则性问题上适当保持一些弹性。在管理人的时候，要懂得柔弱胜刚强的道理，不要跟员工对立，还是要偏重于以理服人，讲道理，以情感人，讲感情，耐心教化，不断提高员工的思想认识，转变员工的思维方式，增强员工的行动能力，包容员工的错误与缺点，激发员工的热情与斗志。用文化管人，用情感留人，真正实现以柔克刚。但面对团队中的不正之风与歪风邪气不能心慈手软，要特别强势强硬进行斗争与处理，及时扭转与消灭，不合格的员工要坚决清退。

员工启发：个人要走专业化发展道路

事物的发展遵循从无到有、从小到大、从弱到强的发展规律，人生的发展同样遵循从简单到复杂、从低级向高级的演变。人从诞生到长大再到步入社会，随着思想、意识、观念、态度、技能的不断提升，不同阶段对应的能力、角色、层面、动机等侧重点均不相同。

我们通常把人生分成三个阶段，分别是生存阶段、生活阶段、贡献阶段。处在不同人生阶段的人我们对应称为普通人、优秀人、卓越人。不同阶段的人认知层次也不一样，分别对应为现象、事实、本质；对待外部环境的态度也不一样，分别是依赖、适应、改造。当然，人在不同阶段对应的能力也是不一样的，分别是生存能力、生活能力、贡献能力。所以一个人要想在生存阶段活下来就必须具备生存能力，想要从生存阶段提高到生活阶段，就必须将生存能力逐步提升到生活能力，想要从生活阶段提高到贡献阶段，就必须将生活能力提升到贡献能力才可能实现。

一个大学毕业生刚踏入社会首先面临的就是生存问题，一个刚加入企业的员工也同样面临如何在这个组织中生存下来。要想生存下来就必须学会生存本领，具备生存能力，年轻人怎么样才能具备这种能力呢，能力又怎么样才能不断提高，从而进入不同的人生阶段呢?

党的根据地建设思想可以帮助年轻人解决这个问题。首先，教育年轻人清楚认识到，要先解决生存再来谋求发展。其次，教育年轻人要专注做一件事情，从不了解到了解，从不熟悉到熟悉，从不懂到懂，从不会到会，慢慢就具备了会做某一件事情的能力。这种能力足够让我们生存下来，这就是生存能力的培养。会做，不代表做得好、做得精，所以不能浅尝辄止、半途而废，马上换一个岗位或公司，要继续专注将一件事情做深、做透、做扎实，从而变得专业，具备专业能力，成为一个优秀的人，人生也就自然到了生活阶段。这个阶段还要敢于继续专注做下去，将这些认知与经验总结提炼出来进行推广，教会他人，甚至成为做这件事情的标准，那就成为该领域里的专家，对企业、行业甚至社会产生贡献，具备了贡献能力，人生也提高到了贡献阶段。所以根据地建设教会每一个人敢于扎根，走“从专注到专业再到专家”的专业化道路，不断积累经验，提升认知和能力，从而提高人生阶段获得成功。

前后有几万人到尚为工作过，到今天留下四千余人，可谓是大浪淘沙，也有不少人从大学毕业第一份工作就在尚为，十几年如一日做到现在。经常听很多企业家和企业高管说一句话，打造团队就是大浪淘沙，冲走的都是沙子，留下的都是金子。这句话不是很充分。我们在这十几年中看到过很多聪明、有潜质的员工，有不少人工作时间不久就离开了，觉得特别可惜。一些看起来不起眼、很普通的员工，却一直坚持在公司工作十几年，很多人成为公司高管。我不认为留下来的就是金子，离开的就是沙子，其实那些离开的人如果在尚为或者在别的公司能够坚持五到十年，一定会比现在的管理层更优秀，也会比现在的自己更优秀。可惜的是这些优秀的年轻人静不下来，对于他们而言，外面的机会与诱惑也会比普通人更多，以至于可以轻而易举选择更多更好的平台。看似经历很丰富，实际并没有在某个领域真正钻研，积累不够，什么都会，却又什么都不精，反而显得不那么发光，十分可惜。

所谓自古红颜多薄命，很多人以为是红颜大都运程不好，实际上现在长得特别漂亮的姑娘婚姻幸福的也不是特别多。也许原因有很多无法说清，但有一点却是不争的事实：她们比普通姑娘拥有更多的机会，有更多的异性追逐，所以不容易静下来，对另一半的珍惜程度更低，很少人从一而终。其实，事业也罢、人生也罢、婚姻也罢，都要专注专一，都要敢于扎根，都要学会建立根据地。

所谓农村包围城市，是指启发员工和年轻人要敢于到艰苦的环境工作，到基层去锻炼，磨炼心智、积蓄力量。要学会正视自己的不足，耐住寂寞，厚积薄发。要正确认识自己，知道自己的优势与劣势，学会扬长避短，发挥自己的优势，弥补自己的不足。做人要以柔克刚，懂得刚柔相济，做事要避实就虚，寻找突破点，不能一味正面硬碰硬。教会年轻人如何保存有生力量，慢慢从弱变强，从而最终走向成功，取得胜利。

这就是尚为以及干部员工从党的根据地建设和农村包围城市的智慧中汲取的营养和受到的启发，转化成我们的生存策略与竞争策略，帮助公司在最艰苦的环境里生存下来，保存有生力量，又慢慢由弱到强，不断成长壮大。

第四章　艰苦奋斗与作风建设

良好的社会风气，是推动社会前进的巨大力量，关系到社会安危、国家存亡与民族兴衰。一个组织的风气好坏同样关系到组织的兴衰，企业家和管理者要高度重视企业风气的形成，及时感知企业风气变化的趋势，要不遗余力营造风清气正的企业风尚，为企业的经营管理和团队建设营造良好的内部环境。一个团队尤其是干部的作风对一个企业的风气起决定作用，所以管理者一定要重视团队的作风建设。

中国共产党一贯高度重视作风建设，作风建设是党的建设的重要组成部分。尚为从成立之初就高度重视尚为风气的打造，从党的作风建设中汲取了很多养分，借鉴了大量做法，产生了良好的效果。

党的艰苦奋斗与作风建设

艰苦奋斗是中华民族的传统，我党继承了我们民族的优良传统，所以艰苦奋斗是我党的一种精神，也是一种优良作风。艰苦奋斗是一种不怕艰难困苦、奋发图强、艰苦创业、顽强拼搏的斗争精神。党为争取民族解放和独立的斗争史，就是一部艰苦奋斗的创业史。

革命战争年代，我党物质资源极其匮乏，是艰苦奋斗的优良作风帮助我党战胜各种艰难困苦，推翻三座大山，建立新中国。井冈山上物资匮乏，毛泽东、朱德等带领官兵一起种粮食，山上缺衣少粮，战士们不得不靠南瓜、茄子和野菜充饥，裹着单衣钻进稻草堆里抵御严寒。无论是跟国民党军队还是跟日本军队打仗，都严重缺乏枪支弹药，一开始是靠从敌人手里抢，后来开始想方设法自己造，一直传唱着“没有枪，没有炮，敌人给我们造”的歌曲。长征的艰苦与艰险是无法用言语表达的，红军将士不怕任何艰难险阻，不怕牺牲、患难与共、艰苦奋斗，用意志和勇气谱写了一部壮丽史诗。延安时期物资匮乏，毛泽东提出“自己动手，丰衣足食”，军民一起轰轰烈烈开展大生产运动。毛泽东、朱德、周恩来、任弼时等中央机关首长全部亲自劳动，种地、种菜、纺线，个个都是生产好手。抗日战争防御和相持阶段，日本人采用“三光”政策。在敌后根据地的八路军，缺衣少粮，缺枪少炮，甚至无处安生。在这种极端困难的环境下，八路军依靠艰苦奋斗的优良作风，顽强地跟日军周旋，打了无数个胜仗，消灭了无数的日军，令日军闻风丧胆，对全民族抗战胜利起到了极其重要的作用。

党中央正式进入北京城前夕，毛泽东在党的七届二中全会上提出：“务必使同志们继续地保持谦虚、谨慎、不骄不躁的作风，务必使同志们继续地保持艰苦奋斗的作风。”新中国成立初期，国家一穷二白，百废待兴。“两个务必”在新中国建设中得到了很好的贯彻落实。正因为全党带领全国各族人民始终坚持艰苦奋斗的作风，新中国的各项建设事业在面临外部封锁和国内极其困难的情况下，得到快速恢复，呈现一片欣欣向荣的景象。

通过土地改革极大调动广大农民积极性。全国上下开荒拓土，大兴水利，很快解决了全国人民的粮食匮乏问题。广大工人阶级干劲十足，热火朝天，在工业几乎零基础的严峻条件下，第一个五年计划就建立起新中国工业体系雏形，再用了不到三十年就建立起较为完整的工业体系。全国开展轰轰烈烈的农业学大寨、工业学大庆运动。文教卫生事业得到蓬勃发展，卫生医疗体系的初步普及，扫盲和中小学教育的初步普及，科学技术也突飞猛进，成功研发“两弹一星”。

这些成就是辉煌耀眼的，每一个成就都是彪炳史册的，也是前无古人的。这些成就背后面临的困难是超出想象的、前所未有的，是在一无所有、一穷二白的战争废墟中实现的。是一代中国人在党的领导和号召下，发挥团结拼搏和艰苦奋斗精神，付出巨大、艰辛奋斗所取得，创造了丰富的物质财富，更是一笔巨大的精神财富。

作风建设是党的建设中的重要内容和永恒主题。党的作风是党的形象，是观察党群干部关系、人心向背的晴雨表。党的作风正，人民的心气就顺，党和人民就能同甘共苦。实践证明，只要真管真严，敢管敢严，党风建设就没有什么解决不了的问题。作风建设永远在路上。

作风建设关系到党的形象、威望和发展大业的兴衰成败。优良的作风是党的先进性和纯洁性的重要标志，关乎民心向背、关乎执政未来。党的作风如果不纯不正，党的形象就会遭到破坏，党的威望就会遭到损失，党的创造力、凝聚力、战斗力就会逐渐丧失。

我军的优良作风建设包括思想作风建设、工作作风建设、战斗作风建设。党的作风建设包括思想作风、学风、工作作风、领导作风、生活作风五个方面内容。

思想作风是人们在思维方式、思想观念特别是指导思想上表现出来的行为取向和特点，是世界观和方法论在认识和改造世界的实践过程中的体现，是我们党在认识问题、分析问题和解决问题的过程中所采取和运用的思维方式与思想方法。

学风是指学习的风气、学习的风格、学习的方式等。理论联系实际，是我们党一贯倡导的学风。学风问题也是党风问题，是关系党的兴衰和事业成败的一个重大政治问题。

工作作风是人们在工作中所体现出来的行为特点，是贯穿于过程中的一贯风格，保持党同人民群众的血肉联系是党的工作作风建设的核心问题。

领导作风是党在领导革命、建设和改革过程中形成并表现出来的相对稳定的态度和行为。

生活作风是干部在日常生活中形成的生活态度和行为模式，是干部的思想品质、道德观念、文化素养和行为方式等在日常生活中的综合反映，是一个人世界观、人生观、价值观的反映。

党有三大优良作风，分别是理论联系实际、密切联系群众和批评与自我批评。三大优良作风在党的发展史上具有十分重要的地位，对推进不同时期党的建设发挥了重要作用。

尚为学习：长期艰苦奋斗与打造团队风尚

“以客户为中心，以奋斗者为本，长期坚持艰苦奋斗”是尚为十几年来一直坚守的理念。尚为的艰苦奋斗分三个阶段，第一个阶段由于资源匮乏，条件艰苦，生存压力大，不得不艰苦奋斗；第二个阶段是逐步解决生存问题，物质资源逐步丰富，工作生活条件得到改善，能否继续保持艰苦奋斗；第三个阶段是面临新的发展问题，提出了新的发展目标，由于能力不够，经验不足，条件不成熟，面临新的挑战，需要继续艰苦奋斗。

创业初期，创业团队一无所有，一穷二白，砸锅卖铁凑了三百万元资金来创业，各种艰辛与危险每一个创业者都亲身经历，共同面对。大家都认识到艰苦奋斗的重要性，也不得不过苦日子。为了省钱，能不花的钱坚决不花，能自己干的活坚决不请人干，能节约的坚决不浪费，大家恨不得一分钱掰成两半用。总部办公室面积一百平方米，人员只有三人，工厂面积一千平方米，工人只有四人，市场各办事处在偏远郊区租没有装修或简单装修的一房或两房一厅作为办公和居住场所。工厂和各地办公室搬家都靠员工自己肩挑背扛、刷墙布线，从来没有买过像样的新物品。大家脑海里都是能不买的物品坚决不买，凡是必需物品都到二手市场去淘，大的物件和设备到倒闭工厂去捡漏。总部和工厂白天是工作台，晚上就是临时床铺；市场办事处白天是办公室，晚上就是宿舍，很多地方到今天依然如此。总部工厂常年一人多岗，办事处负责人白天做业务员晚上做联勤和专工，里里外外都是一个人干。再热的天气，总部上午不允许开空调，工厂长期用工业风扇，市场销售人员用小推车送货，自己搬运自己安装，出差住宿都是五十元一人的招待所。所谓团建就是到菜市场买几斤肉自己烧几个小菜，喝二两散装白酒，兴致上来有人清唱两首歌，大家打着节拍，脸上洋溢着快乐的笑容。正是激情燃烧的岁月，对未来充满着憧憬，彼此信任亲密无间，共同用奋斗热情面对困难与挑战，苦中作乐，积极向上。公司在这样的艰苦环境里生存下来，逐步发展壮大，创业者们彼此结下了深厚的感情，经受住各种艰难困苦的考验，茁壮成长。

经过八年的努力，公司的物质条件发生了翻天覆地的改变，有了宽敞明亮的总部，花园式的工厂。创业者们都成了一方大员，有车有房，员工们大部分开车做业务。工作环境改善了，生活条件变好了，公司实力、研发能力、产品质量和数量都发生了巨大变化，不再是“小米加步枪”了，实现了“鸟枪换炮”。团队却慢慢滋生了享受的风气，谈名车洋房多了，吃饭对酒菜和饭店环境讲究了，穿名牌戴名表提名包成为时尚了，人与人的感情淡了，距离远了，领导摆架子打官腔多了，讲问题谈困难多了，找客观原因和现实困难多了，艰苦奋斗精神和优良作风在逐步丢失。

为了及时制止这种不良风气和扭转不好苗头，公司上下开展了一系列围绕为何要长期艰苦奋斗的话题研讨和思想教育，学习党在延安时期的整风运动以及“两个务必”精神，在团队里也进行了全面的长期的整风运动。通过近一年时间的学习教育，全体员工尤其是中高层干部和早期创业者意识到不能只是被动艰苦奋斗，要想让企业和家庭从胜利走向胜利，必须在物质条件很好的状况下主动艰苦奋斗，长期奋斗，要把艰苦奋斗优良作风当成传家宝。每个人要以身作则、长期保持、代代相传。艰苦奋斗丢失之时，便是精神力量衰竭之始，个人和企业必然走向衰败。2017 年公司举办了一个“不忘初心，二八启航，重走长征路”千人誓师大会的大型活动，取得了很好的效果。

解决了在和平年代物质丰富下能否主动艰苦奋斗的问题，前几年公司又提出了新发展阶段如何艰苦奋斗的问题。“三大战略”的提出，既让团队看到更大的希望，也让干部和员工感受到前所未有的压力与挑战。工业照明市场全面开拓、全面领先，总部职业化和信息化建设全面转型升级，研发部门软件技术和硬件技术全面发展、全面领先实现技术和市场双轮驱动，品质管理和供应链管理标准全面提高，全面学习和导入智能制造，关键元器件配件全面自产等。以更高标准和目标来衡量和要求现有团队，问题显得异常严峻，困难重重，能力和知识储备不足，整个团队仿佛一下子回到了创业初期。团队弥漫着焦虑情绪，看到了巨大差距，没有什么可以依靠的，只能靠艰苦奋斗这个法宝来弥补不足。经过几年努力，工业照明团队得到了整体提升，突飞猛进。

“工业照明 +”的战略更是无迹可寻，只能摸着石头过河。近几年公司一下子成立了十家新公司，围绕新的业务领域进行二次创业，仿佛一个家庭一下子多了十个嗷嗷待哺的孩子一样，简直乱成了一锅粥。每个新的创业团队都面临巨大挑战，对集团公司各个系统都是一种巨大冲击，整个公司的资源比创业早期还匮乏。每个团队都精疲力竭，近乎绝望，最后只能丢掉依赖思想，自力更生，艰苦奋斗，在黑暗中摸索，重新“爬雪山、过草地”，艰难地生存下来。这些新公司的创始人大部分是早期创业者，团队成员大都是在工业照明工作五年以上的老杆子，犹如过惯了好日子一下子回到了解放前，只能从头来过。除了一小部分人受不了这种压力与辛苦做了逃兵，大部分人都依靠艰苦奋斗精神熬过来了，真是烧不死的鸟是凤凰。

尚为在团队的思想作风、学风、工作作风、领导作风、生活作风等方面全面向党学习，从严管理。思想教育常抓不懈，形成专门的思想意识规范和道德品质规范。各种会议、培训、沟通、上下级谈话、绩效考核都将干部员工的思想意识和思维方式放在重要地位。公司重视团队学习风气的打造，要求大家多读书，保持谦虚好学的态度，向领导、下属、同事、客户、友商学习。狠抓工作作风和领导作风，制定《领导干部八项规定》《中高层干部自律条例》《员工工作条例》等制度文件，严格管理，重点打击领导干部铺张浪费、形式主义、奢靡堕落、贪污腐败、脱离群众、高高在上的不正之风。在生活中教育干部员工加强自我管理，抵住钱色诱惑，严禁黄赌毒低级趣味，搞好夫妻关系，管好男女关系，家和才能万事兴。

管理者思考：管好自己才能管好团队

管理者要清醒认识到实现目标获得成功离不开两个因素：一个是充分的物质资源，一个是强大的精神资源。而组织从无到有建立的过程中，物质资源往往很难充分保障，这个时候必然会遇到更大困难与阻力。要想战胜困难就必然要付出更多努力，承受更多压力，经受失败与挫折考验，不能被困难和问题吓怕、吓倒、吓跑，要敢于面对、敢于斗争、不怕失败、千方百计，最后克服困难、解决问题、取得胜利，这个过程我们称为艰苦奋斗。管理者不能以身作则激发团队这种奋斗精神，做任何管理工作都很难成功。

当组织不断发展壮大，物质条件通常会得到很大改变，团队的士气与信心也会随之大增，管理者和团队成员往往更依赖物质力量的作用。目标实现过程中不会因为物质实力强就不会遇到困难和问题，如果管理者能够像过去一样继续发扬不怕困难敢于斗争的艰苦奋斗优良传统，克服困难就更容易，目标也能更轻松达成。如果管理者和团队随着组织物质实力增强，对物质的依赖性也增强，那么精神意志就会下降，艰苦奋斗作风就会衰竭，甚至丢失。这种状况下，即使面对过去同样的困难也克服不了，最终可能导致目标实现不了，这种局面的出现是任何管理者都不愿意看到的。

管理工作中，早期条件艰苦，管理者和团队往往通过艰苦奋斗作风，克服条件不足取得成功，进一步改善环境与条件。而大多数管理者和团队因为环境改善反而不能取得更大成功，因为大多数管理者认为不需要像过去一样艰苦奋斗了，管理过程中这种作风就自然丢失了，造成团队战斗力下降，实在令人痛心。所以，每一个管理者一定要深刻明白一个道理，组织初期条件不足一定要依靠艰苦奋斗作风去弥补，组织成长后条件充足，管理者绝不能丢失艰苦奋斗作风，否则再想在团队中重新树立艰苦奋斗作风是极其困难的，正所谓由俭入奢易，由奢入俭难。

随着组织不断取得成功，管理者和团队的心态会逐渐发生变化，往往从勤奋慢慢变得惰怠，从务实变得务虚，从谦虚变得骄傲，从温和变得暴躁，从热情变得冷漠，从简朴变得奢华，这种变化的过程就是自我膨胀的过程，无论是管理者本人还是团队，几乎无一例外，因为这是人的本性。

人性是复杂的。人有两面性，有懒惰、自私、贪婪的一面，也有真诚、善良、勤劳、勇敢的一面，人性有自然属性、社会属性和精神属性，所以一半是兽性，一半是人性。从猴子进化成人单位以万年计，从人变成猴子只需要一瓶酒、一个美女或者一沓钞票。

所以管理者需要加强自我管理。合理满足人的基本需求，不断弱化人的自然属性，不断强化人的精神属性，这样才能抵住金钱、美女、美酒、权力、荣誉的诱惑，才能克服懒惰、自私、贪婪的本性。长期保持谦虚、谨慎、不骄、不躁的作风，才可能在富贵与成功之后依然保持艰苦奋斗的作风，通过持续加强自我管理，不断自我净化、自我完善、自我革新、自我提高。

修身是实现自我管理的重要方式。所谓修身、齐家、治国、平天下，身修才能家齐，家齐才能国治，国治才能天下平。如何才能修身呢？欲修其身者，先正其心；欲正其心者，先诚其意；欲诚其意者，先致其知；致知在格物。正心就是思想作风，诚意就是工作作风和领导作风，格物致知就是学习作风。

管理者要时刻关注团队风气变化。团队的风气会随着时间、环境、组织所处阶段等因素发生变化，所以管理者要对团队风气高度重视，保持警惕，要长期加强思想教育，不断激发团队活力，及时发现问题与苗头，并立即处理。对消极言论要及时制止，不正之风要坚决打击，风气出现严重问题，一定要进行整顿与肃清。只有不断弘扬正气和正能量，激发团队积极向上、向善、充满活力，不断打击邪气和负能量，制止团队消极思想与行为，团队才能长期做到风清气正，艰苦奋斗优良传统才能代代相传，所以作风建设对管理者是长期重要课题。

员工启发：生命不息奋斗不止

每个年轻人踏入社会之初，都渴望获得成功，拥有幸福的生活。有的人出身寒门，经过自己不懈努力，最终梦想成真，而有的人一生却碌碌无为；有的人虽然经过努力，改变了贫穷的处境，却因为满足取得的小成功，安于现状，裹足不前，最终小富即安；也有的人出身富贵，凭借自身努力与家庭提供的良好条件，获得更大的成功；更多出身富贵的人因为家庭良好的环境，不思进取，坐享其成，最终败光家业，富不过三代，令人叹息。巨大的反差往往取决于每个人对待生命的态度、对待财富的态度，以及对待成功的态度。

对待人生的态度决定人的生活和工作态度，呈现出来的生命力与精神面貌是截然不同的。有的人抱着一种得过且过的态度，整天无所事事、玩世不恭，自然一事无成。有的人认为人生没有意义，人活着就是为了享受，整天花天酒地，沉迷娱乐与享受，坐吃山空，生命颓废。而更多的人认为人生的目的是追求幸福，人生的意义是通过努力奋斗为社会和他人创造价值，自然就朝气蓬勃，积极向上，勇敢向前。

不同的人对如何取得成功的认知也是不一样的。有的人认为成败的关键取决于物质基础的好坏，只要有强大的实力和充足的物质基础，就一定能够成功，反之很难成功。而有的人认为物质基础很重要，人的努力也同样重要，这样才能取得成功。如果物质基础很差，只要加倍努力、克服困难、敢于斗争、敢于坚持，也会取得成功。

有的人认为追求成功的目的是获取财富，得到的财富是用来享受的，拥有财富而享受生活是天经地义的，慢慢不再愿意像过去一样继续追求成功。有的人认为追求财富不是人生全部的目的，财富可以让生活变得更幸福，但财富分为物质财富和精神财富，人不仅需要有充足的物质财富，更要有丰富的精神财富。物质财富不仅可以用来改变自身的生活，也可以把多余的物质财富分享给社会上有需要的人，帮助更多人解决生活困难，也可以把物质财富转化成生产资料，通过继续艰苦奋斗创造更大财富。

正是因为这些认知的不同，导致相同处境的人们经过几十年的变迁而结局不同。出身寒门，如果人穷志短，一味抱怨父母无能、社会不公、命运不济，最终只能继续贫寒。而有的人，人穷志不短，认为幸福是靠勤劳双手创造出来的，是奋斗出来的。面对不利的物质条件，无所畏惧，心中有信仰，手中有力量，不怕艰难困苦，顽强拼搏，改变不利现状，最终获得成功，也改变了个人及家庭的命运。而有的人在改变命运的过程中却在某个阶段停滞不前，是缘于对待财富的态度。处在贫穷的境地，一心想要改变贫穷，让自己变得富裕，于是什么苦都能吃，什么罪都能受，表现出吃苦耐劳、艰苦朴素、勤劳勇敢的品质，等取得一定成绩，拥有一定物质财富，生活条件得到很大改善后，再也不想吃以前的苦、受以前的罪，总想过上轻松、安稳、舒适的小日子，过去的艰苦奋斗精神就丢失殆尽，未富先衰，小富即安。这是一种普遍的社会现象，是大部分人的真实写照，也是这个社会很少人真正能够有大成就和大成功的原因所在。

同样是因为这些认知的不同，出身富裕家庭的孩子长大后，人生命运也千差万别，有的人认为已经拥有财富，无须奋斗，选择“躺平”，从而导致失去奋斗动力。具备了很好的干事创业的条件，人生却没有什么大成就，被很多起点比自己低的同龄人超越，十分可惜。有的人更是拥有错误的人生观和财富观，认为人生来就是享受生活和物质财富的，整天沉迷于感官的快乐，精神颓废空虚，为了满足感官刺激，好色、醉酒、吸毒、滥赌，自甘堕落、一败涂地、穷困潦倒、十分可悲。后面这种现象极为普遍，这也是大部分企业和家庭富不过三代的原因，真是社会的悲哀。

人的起点不同，结果也大不相同。按道理是人的起点越高，人生成就越高。为什么会出现人生起点低却人生成就很高和人生起点高却人生成就很低的现象呢？难道是财富惹的祸？这只是表面现象，真实的原因是每个人的人生态度和人的精气神不一样，也就是人的作风问题，而这背后真正的本质是家风、校风、组织风气、社会之风在起作用。

家庭是社会的细胞。每个人都来自家庭，在家庭的教育中成长、成熟，每个人的人格与所处家庭环境密切相关，家庭对人的三观形成、道德素养、做人做事的态度都起到重要作用，有时候是决定性的作用。好的家风家教让人积极向上、与人为善、助人为乐、热爱生命、热爱事业，追求向前、向上、向善。有的父母观念错误，家风不正，从小对孩子娇生惯养、过度满足，年轻人因为财富和幸福来得太过容易，容易堕落、骄奢淫逸、无所作为，失去道德荣誉感和奋斗精神，很多人成为纨绔子弟，所以家风和家规对下一代的教育产生深远的影响。

校长和教师的工作作风，决定着一所学校的风气和学生的学风，对学生的品德、言行、知识的积累和才能的增长都意义重大，影响深远。良好的校风是无形的精神力量，可以振奋精神、激励斗志，迸发出积极向上、努力拼搏的艰苦奋斗精神，在这种环境中养成的行为习惯使人终生难忘。所以校风对学生的教育是无形的、深远的，也推动社会风气的形成，同时也受到社会风气的影响。

组织风气是一个组织的精神状态及精神面貌，对组织成员的思想、观念和行为产生潜移默化的作用，对组织成员的三观形成与完善起到重要的影响作用。组织成员的观念、行为和精神面貌也会影响组织风气的好坏。组织风气对社会风气的形成产生推动作用，社会风气也会影响组织风气的形成，所以年轻人寻找事业平台一定要加入风清气正、积极向上的企业。在这样的企业风气里，个人才更容易积极向上，充满正能量，才更容易产生责任心、上进心、事业心，激发艰苦奋斗作风。

一个社会的风气好坏将影响一个时代的好坏，影响一代人。社会风气是推动或阻碍社会前进的巨大力量，影响着党风、校风、组织风气、家风、个人作风的形成，而党风、校风、组织风气、家风、个人作风也会推动和影响社会风气的形成。

所以作风建设对个人、企业、政党、社会、国家都有重要的作用。良好风气推动个人和社会前进、民族和国家兴旺，不正之风将毒害每个公民和社会，阻碍个人和社会前进，而艰苦奋斗的优良作风是中华民族宝贵的财富，是中国共产党宝贵的经验，是企业成功的法宝，是家庭和个人兴旺的关键。无论是国家的管理者、企业家和组织的管理者，还是一家之长，都要从党的艰苦奋斗和作风建设中汲取营养，不断思考，获得启发，常抓不懈，才能真正事业成功、家庭兴旺、国家富强。

第五章　团结合作与民主集中

随着组织不断壮大，组织成员不断增加，搞好组织团结是所有组织面临的重要问题，也是最难解决的问题。但凡两个人在一起，都面临搞好团结的问题，凡是能够搞好团结工作的组织，就有凝聚力、竞争力、战斗力。民族不团结国家就会四分五裂，民族大团结国家就会安定繁荣；企业不团结就会产生内耗，走向分裂与衰败；家庭不团结就会鸡飞狗跳，家和才能万事兴。

团结的目的是合作，组织是否团结的检验标准也是合作。随着科技发展和社会进步，社会分工越来越细，组织和家庭的分工也越来越细，分工带来专业化和精细化，同时对合作也提出更高要求，组织成员搞不好团结合作，一项具体工作就无法完成，一个具体项目就很难实施，组织目标几乎没有实现的可能。

中国共产党能够在短短二十几年内就改变一个国家和民族的命运，有一个核心的能力就是能够团结一切可以团结的力量，迅速改变中国人四分五裂、一盘散沙的局面。始终能够做好党内和党外团结工作，这是百年大党到今天依然焕发勃勃生机，迸发强大生命力的重要原因。所以企业家和组织管理者可以从党如何做团结合作工作中受到启迪，得到借鉴。

党的团结合作与民主集中

“团结就是力量，团结就是力量，这力量是铁，这力量是钢”，这首歌是在抗日战争最艰苦的时期创作的，对全国人民团结一致抗战起到重要激发作用。无论是新中国成立前还是之后，无论是战争年代还是和平年代，大家遇到困难就共同高唱《团结就是力量》，这是几代中国人最喜欢的革命歌曲之一。这首歌既体现了团结的重要性，也体现了我党历来对团结合作的重视，团结合作和艰苦奋斗是党百年来领导人民赢得一个又一个伟大胜利的关键密码。

党重视团结，也善于团结，建立最广泛的统一战线是我们党克敌制胜和执政兴国的重要法宝。《中共中央关于党的百年奋斗重大成就和历史经验的决议》指出，党始终坚持大团结大联合，团结一切可以团结的力量，调动一切可以调动的积极因素，促进政党关系、民族关系、宗教关系、阶层关系、海内外同胞关系和谐，最大限度凝聚起来共同奋斗的力量。可以说，中国共产党是全世界最讲团结最能奋斗的政党。

中国共产党分别在 1924 年和 1937 年两次与国民党进行合作。第一次国共合作是为了进行反帝反封建斗争，成果是基本上推翻了北洋军阀的统治，打击了帝国主义的在华侵略势力；第二次国共合作是为了进行全面的抗日战争，成果是取得了抗日战争的完全胜利。党在两次合作中也得到了快速发展，综合实力得到了快速提升，在全国人民心中的威望得到显著提高。

纵观中共百年党史，团结是始终贯穿的主线。党作为工人阶级的先锋队，不断激发广大劳工的团结意识，提高工人阶级的政治觉悟，推进工人阶级的抗议活动与维权行动，推动工人运动的蓬勃发展和持续高潮。

团结农民阶级。通过开办夜校和讲习所不断提高农民的文化知识；通过引导和帮助农民成立农民协会，组织农民团结起来斗争；通过土地革命，领导农民开展打土豪分田地的斗争，把广大农民团结在党的周围，极大调动农民革命的积极性。真正实现团结农民、组织农民、动员农民，把作为个体存在的农民转变为革命有生力量，同时武装农民，确保农民在阶级斗争中有捍卫自身正当权益的武装力量。并推动工人阶级和农民阶级结盟，以工农联盟为基础，联合各革命阶级，团结起来共同进行武装斗争。

团结讲究策略。采取发展进步势力，争取中间势力，孤立顽固势力，又联合又斗争的方针，建立抗日民族统一战线，推动取得抗日战争的胜利。团结工农兵学商各界被压迫阶级、各人民团体、各民主党派、各少数民族、各地华侨和其他爱国分子，组成人民民主统一战线，为夺取新民主主义革命的全国性胜利，建立新中国奠定了坚实基础。毛泽东在 1925 年发表了《中国社会各阶级的分析》，分析了中国社会各阶级，辨明了中国革命的敌人和朋友，提出无产阶级要团结占全国人口多数的一切半无产阶级、小资产阶级，争取中产阶级的左翼，以打倒帝国主义、军阀、官僚、地主、买办阶级以及中产阶级的右翼，建立各革命阶级的联合统治。

社会主义革命和建设时期团结广大知识分子、民族资产阶级、民主党派、教派、各少数民族。对民族资产阶级实行和平改造和赎买政策，完成对资本主义工商业的社会主义改造，提出“长期共存、互相监督”八字方针，加强与各民主党派、无党派人士团结合作，实行民族区域自治制度，推动民族地区社会变革，发展社会主义民族大团结，支持基督教、天主教开展“三自”爱国运动和佛教、道教、伊斯兰教、藏传佛教宗教制度的改革。

改革开放后，团结全体劳动者、爱国者、建设者，团结台湾同胞、港澳同胞、海外侨胞，团结各民主党派、各人民团体、各民族、各宗教，充分调动各族各界人士共同致力于全面建成小康社会的积极性。十八大以来，党完善和发展我国新型政党制度，突出重点做好党外知识分子工作，推进新时代民族团结，坚持我国宗教中国化方向，着力做好非公有制经济人士团结引领工作，加强同港澳台同胞和海外侨胞的团结。

所以说，党的百年奋斗史就是一部团结奋斗史。通过将全国各族各界人民团结在一起，凝聚成不可战胜的力量，实现了救国、兴国、富国、强国的伟大事业，真正让中国人民站起来、富起来、强起来。所以习近平总书记说：“旗帜鲜明讲政治、保证党的团结和集中统一是党的生命，也是我们党能成为百年大党、创造世纪伟业的关键所在。”

民主集中制是党的根本组织制度和领导制度，是民主基础上的集中和集中指导下的民主相结合的制度，强调集体决策和集中过程中的民主，即在集体决策时要充分发挥民主，听取各方面意见，科学决策，也是马克思主义认识论和群众路线在党的生活和组织建设中的运用。坚持民主集中制是保证党的创造力、凝聚力、战斗力，保证党的团结统一的重要法宝。

民主集中制要求党员个人服从党的组织，少数服从多数，下级组织服从上级组织，全党各个组织和全体党员服从党的全国代表大会和中央委员会。党的各级委员会实行集体和个人分工负责相结合的制度。重大问题遵循集体领导、民主集中、个别酝酿、会议决定的原则，禁止任何形式的个人崇拜，保证党的领导人的活动处于党和人民的监督之下，同时维护一切代表党和人民利益的领导人的威信。

坚持民主集中制是实现党内生活正常化的根本，是我们党组织上巩固思想和政治上高度一致的重要保证。只有坚持民主集中制，才能保证党的路线、方针、政策的执行，才能保证党员都享有充分的民主权利，才能最大限度地调动广大党员和各级党组织的积极性、创造性，才能提高我们党拒腐防变和抵御风险的能力。

尚为学习：合作难于天，合作大于天，合作胜于天

当今企业很难做大的一个原因是，核心团队成员不能长期团结合作。企业创立之初，面对生存压力，为了活下来，创业团队尤其是核心团队都愿意紧密团结在一起抱团取暖，共同解决生存问题。当生存问题解决后，或者长期合作过程中难免意见不一致，甚至产生矛盾和冲突，很多企业在这个阶段解决不好合作问题，要么导致重要骨干离开，造成内部动荡和损失，要么造成企业分裂，力量相互削弱，有的甚至因为内斗和内耗，造成企业倒闭。所以如何搞好团结合作是企业家和管理者面临的核心问题之一。

尚为照明成立之前，核心团队成员在2005年与其他合伙人共同创业过，短短四年时间，企业销售额近亿元，呈现良好的发展势头。前两年生存很艰难，最困难的时候账上只有十万元，面临破产倒闭，五个主要合伙人齐心协力，度过了生存危机。那时候工作中彼此间也会产生很多分歧，大家包容性强，同时又相互克制，相互尊重，这些分歧都管理在可控范围之内。随着企业逐步解决生存危机，大家压力减小了，自我意识明显抬头，相互的包容心变弱，争论增多，争吵激烈，互不相让。大家经常挂在嘴上的一句话是："公司大了，离开谁都没关系。"最终我们不得不选择离开，剩下的核心团队在后来的合作中依然无法团结在一起，最终又有两次分裂，企业在分裂过程中变小变弱，最后无法生存下去。令人痛心不已，教训深刻。这不是个别企业的遭遇，而是普遍的企业现象，有时兄弟反目，朋友成仇，夫妻不和，甚至酿成悲剧。

明确合作伙伴标准。尚为创业团队经此教训，深知团结的重要，对企业伙伴遴选十分谨慎。经过大家共同研讨，明确了四个遴选标准：品德高尚、目标和动机一致、性格和能力互补、沟通默契包容性强。经过近七个月的遴选与甄别，才逐步确定创业团队成员，同时在筹备和初创期工作中，通过听其言、观其行，进一步考察成员并及时劝退或降低不合格的合作者岗位或身份定位，核心创业团队在经历过一两年时间的遴选与考察，才真正成形。

从思想上解决团结问题。核心团队共同重温了中国共产党在不同时期的团结思想和具体举措，也寻找了一些知名企业的失败案例进行剖析，对上一次创业中出现的合作分歧进行了系统的回顾与总结，寻找原因及解决对策，大家一起前往中共三大旧址纪念馆对国共第一次合作进行深入学习，现场体验，彼此用心感悟，对我党为了实现远大目标展现的大团结大合作的态度无比震撼，对我党同意党员以个人身份加入国民党的胸怀深深折服。所以创业开始，尚为的核心团队在思想上达成了重要共识，共同搞好团结，合作大于天。

从理念上解决团结合作问题。尚为把合作写入了价值观，从理念和文化层面重视团结合作，培养员工合作意识，培养干部团结能力，激发团队合作精神。没有合作意识的员工不能提拔为管理干部，团结合作能力不强的干部不能重用，凡是有利于大团结和大目标实现的事就要大胆干，并且干好；凡是不利于团结的言行要打击。用愿景、使命和价值观来团结人，而不依赖简单的人管人，要求团队在工作中对事不对人。

从机制上解决团结合作问题。成立董事会和经营班子，将决策权与经营权分开。经营管理分工明确、充分授权、发扬民主、畅所欲言、尊重专家权，同时又适当集中，实现自下而上的信息收集与反馈，发扬充分的民主，实现民主下的集中决策。决策后实行自上而下的执行，执行过程中听取执行部门意见反馈，进一步完善决策方案，实现集中下的民主。一旦做出决定，管理层干部就要根据集体的决定和分工，切实履行自己的职责，保证决策的严肃性和执行有力。

从制度上解决合作问题。公司制定了《组织原则》，明确规定个人服从组织，下级服从上级，局部服从全局，各级各部门和全体员工服从公司的统一领导和指挥；实行决策权和经营权分立，坚持民主科学决策，严格授权管理，坚持制度化、规范化、科学化管理，从而为团结合作做了制度上的保障。

从利益角度解决合作问题。人与人之间的合作本质上是利益的合作，要重视合作者的利益和各种诉求，合理满足和保护合作者的利益需要，实现双赢和多赢的局面，团结合作才有长远保障。企业要为客户着想，考虑客户利益，为客户创造价值，才能得到客户信任与支持，从而达成长远合作；企业要为员工着想，考虑员工利益，为员工的生存与发展提供条件，让员工看到希望与未来，找到安全感与归属感，从而愿意长久在企业平台上工作；企业要考虑供应链与外部合作者利益，实现双赢，从而达成长远合作；企业作为社会人，要考虑政府和社会需要，承担社会责任，从而获得社会合作者的支持。一个企业和组织只有真心关注和维护内部和外部合作者的利益，才能真正获得合作伙伴的信任与支持，实现最大范围和最长久的团结，产生凝聚力、向心力和战斗力。利益是对未来长远有好处的事物。利益分为短期利益和长期利益、物质利益和精神利益。企业在团结合作伙伴时，既要考虑短期利益和长期利益的兼顾，又要考虑物质利益和精神利益的兼顾。短期利益和物质利益往往只能实现短期合作，长期利益和精神利益往往是实现长远战略合作的关键。

企业核心团队的团结是企业稳定发展的根本前提。核心管理者在长期合作过程中，很难避免产生分歧，甚至导致冲突。尚为在十几年的经营管理中非常重视核心高管的团结工作，也非常清醒并坚决将分歧与冲突控制在萌芽状态，正如古语所云："为之于未有，治之于未乱。"尚为经常召开核心高管谈心与思想团建会和民主生活会。谈心会是一种非正式、非固定时间和场合的会议，形式多样，心情轻松，有时候是一起喝茶聊天，有时候是一起喝酒烧烤，有时候是一起游玩放松。通过这些方式，拉近距离、增进感情、消除误会和不满。思想团建是一种主题明确的集体思想谈心，通过围绕一个主题彼此坦陈自身认识与感悟，彼此增进思想了解与认同，通过思想影响他人，最终实现思想上的统一和团结。民主生活会是一种定期的批评与自我批评会。平常大家为了管控分歧，保留一定观点和意见，控制自我情绪，从而避免争吵伤了和气。民主生活会的基调是自我觉察与反思，与团队成员共同寻找自身问题与盲区，给伙伴心平气和地指出问题，成为彼此的观后镜，对前期经营管理中的问题发表坦诚意见，从而实现自我成长和团队成长。民主生活会不以解决问题达成共识为目的，而是一个不带情绪交换意见的平台，最终靠团队成员心平气和接收信息后自我思考，从而产生新的自我认知。

管理者思考：懂团结是一种智慧，会团结是一种能力

没有完美的个人，只有完美的团队。管理干部尤其是部门一把手一定要善于组建队伍，管理团队，很多管理者个人工作能力很强，团队却是一盘散沙，无法实现目标。有的管理者看起来工作能力并不突出，但由于团队优秀，因此部门绩效非常优异。将一群优秀的人团结在身边，是管理者最重要的工作。如何做好团队团结工作既是一种智慧，更是一种能力，管理者一定要向党学习如何做好团结工作。

管理者要高度重视团结，懂得团结就是力量，团结大于天的道

理。只有从内心深处树立团结意识，才有可能真正重视团结工作。同时要清醒地认识到，团队中的个体是独立的，每个人的思想、思维、观念、性格是不一样的。要想将每一个独立的个体团结起来，不是一件容易做到的事情，需要投入巨大的精力与情感，需要提高自身团结人的能力，所以团结难于天。当一个管理者真正做好了团队的团结工作，团队就能迸发出强大的力量，也就能战胜一切困难，实现团队目标，真正做到人定胜天。这个“人”不是一个人，而是团结在一起的一群人。

团结的本质是做人。只有会做人才会团结，所以管理者要加强自我管理。管理者要加强道德修养，从而提高个人品德；管理者要不断拓宽眼界，从而提升个人胸怀与格局；管理者要不断提高情商能力，学会控制个人情绪，保持良好心态，影响和调节他人情绪与心态；管理者要不断加强自我学习，不断完善知识结构，从而提升个人能力；管理者要不断自我净化，提升个人需求层次，不断追求精神需求满足，从而控制个人欲望，愿意付出，帮助他人，愿意牺牲个人利益。

管理者要善于统一团队思想，用思想团结人。人的思想决定人的思维，思维决定行为，所以团队思想一致就能带来行动一致，从而实现团结。管理者在日常团队管理工作中要围绕如何统一思想和不断提高认识来做好团结工作，要不断提高自己的认知，不断提升管理者自身这方面的能力，研究统一团队思想的各种方法。

管理者要不断在团队中弘扬公司理念和价值观，长期宣传与研讨，从而达成团队共识，通过领导带头全员行动，从而推动企业文化在部门团队中形成，用文化凝聚人、团结人，实现思想上团结。

管理者要善于进行制度管理，用制度团结人。制度是团队成员共同遵守的标准与规范，没有规矩不成方圆。人管人的方式往往带有主观意愿和个人色彩，容易造成人与人之间的矛盾与冲突，从而带来员工对管理者个人的情绪与不满，导致不团结与内部混乱。制度带有普遍性、指导性、规范性和合法性，要求包括管理者在内的所有成员共同遵守，统一团队的行为，打造一致性，实现团队行为上的团结。

管理者要善于目标管理，用目标团结人。团队不团结，大多数原因是大家目标不一致，个人没有目标将变得迷茫，团队没有目标将变得盲目，不知走向何方。团队目标不一致，必然各自行动，造成组织混乱，相互内耗，组织变成一盘散沙。所以目标给团队指引前进方向，管理者一定要想方设法统一团队目标，充分发挥民主，调动团队积极性，共同研讨目标，最终形成团队共同目标，并不断分解到每个成员，在统一目标的过程中达成思想上的共识，在分解目标的过程中，达成行为上的共识，从而实现用目标团结人。

管理者要关注团队利益，用利益团结人。管理者要关心团队成员诉求，维护员工利益，不能以权谋私，侵占团队和个人利益。在团队中进行各种利益分配时，一定要做到公正无私，管理者不能占团队和下属便宜，甘于吃亏，甚至牺牲部分个人眼前利益。一个公平公正懂得分享的管理者，才能得到大家的拥护与爱戴，从而实现用利益团结人。

管理者要关注团队成员感受，用情感团结人。人有七情六欲，是情感动物，每个人都有情感需求，有时候人的情感需求比物质需求更强烈，所以管理者要关注员工的情绪，经常听取员工心声与意见，让员工感受到尊重。帮助员工切实解决工作与生活中的困难，员工工作出错时真诚指出问题并耐心指导，员工进步时要及时给予肯定，员工取得成绩时要不吝赞美，员工遭受挫折和失败时要加油鼓劲，用自己的真情爱团队、爱下属，才能真正温暖每个人的心，心在一起，人就在一起，从而实现用情感团结人。

管理者只要真正认识到团结的重要意义，真心实意想要搞好团队团结，就一定有更多丰富多彩的方式方法。但团结是有原则和底线的，不能为了团结而团结，从而搞成一团和气，那就本末倒置了。不是对每个人都要团结，凡是不符合团队发展需要的人和破坏团队团结的人要敢于坚决斗争，团队中出现不正之风也要坚决斗争，既团结又斗争，才能真正做好团结。管理者还要清楚团结的目的是实现团队目标，战胜困难，打胜仗，否则团结没啥意义，也不可能搞好团结。

要想真正做好团队团结，管理者一定要学习民主集中制。民主集中制在企业既是组织原则，又是管理者的领导制度。管理干部要善于通过谈话、调研等方式进行信息收集。寻找问题，设立目标，制定制度，进行决策，不能搞一言堂，更不能单独进行，要广开言路，相信团队、依靠团队，充分调动每个人的积极性，建言献策，从而信息全面，考虑周全，方法丰富，在这个基础上，逐步再集中意见，最终形成集中决策。决策执行时，也要充分发挥民主，要在执行过程中不断收集信息反馈，从而不断完善决策方案，这样既能全面了解信息，又能全面调动团队积极性，决策方案更全面更科学，执行时更容易得到大家的理解与认同，自然执行力也更强，效果也更好，更重要的是让每个团队成员感受到尊重与认可，从而真正实现团队的团结。

员工启发：与人相处是情商，善于团结是能力，懂得合作是智慧

群居是人类重要的生活方式。达尔文很早就发现，越是个体柔弱的动物，越会选择群居生活，人类正是这样柔弱的物种。因为我们没有强大到足以独立生活的身体，我们没有其他动物的速度和力量，没有敏锐的听觉和视觉，也没有尖锐的牙齿。

几乎没有人能在离群索居的情况下单独生存下来。为了适应自然环境，人类必须共同劳动，才能建造抵御寒冷的房屋，才能渔猎耕种填饱肚子。需要有人繁衍后代、孕育婴儿，将其健康抚养长大；需要有人制作工具提高生产能力；需要有人治疗疾病，保护生命；等等。劳动分工合作让人类逐步实现生存，劳动分工使每个独立的个体变成了群体的部分，社会生活已经成为必然，社会是人类持续存在的最佳保障。在人类的生活中，最初一层的影响来自宇宙自然，接着便是公共生活的规则以及世代相传的风俗习惯。总之，人与人之间的所有关系都是由社会需求决定的，先有社会生活，后有个人生活。在人类文明的历史上，社会生活是一切生活形态的基础，没有人能够完全脱离社会而独立生存。没有人是一座孤岛，人类先天就具有社会感，通过社会合作来抵御残酷的外部环境，则是人的天性。

人生有三大问题需要面对和解决：爱情与婚姻、工作、社交。人生的大部分问题都可以归结到这三个问题，三者密不可分，彼此缠绕，解决了其中一个，必定会推动另外两个的解决。

人首先会面临与异性的亲密关系，因为相互的爱慕而产生爱情，进一步渴望长久在一起，于是组建成家庭。家庭首先面临如何生存下去的问题，进一步希望过上幸福的生活，于是人不得不寻找职业，开始工作。工作最初是人谋生的一种手段，随着事业的发展，工作不仅解决生存问题，也成了生活的一种需要和一部分。有了美满的家庭和良好的事业，人还渴望拥有朋友，需要进行社交。人生解决好这三个问题才不会感到孤独，才会产生更多幸福感。

在这三件事情当中，有一个共同的特点是：与人打交道。婚姻与爱情是两个人的事，只有两个人长期相处好，才能管理好家庭，正所谓家和万事兴，家和的背后是夫妻和，而夫妻和的本质是夫妻间能够做好长期合作。工作中单打独斗无法获得成功，要想创造更大生产力，必须进行分工合作，分工容易而合作难。只有在工作中团结一切可以团结的人，与内部各个部门的领导、同事、下属搞好合作，与外部的客户和利益相关方搞好合作，才能真正做好工作、做好管理、搞好经营，真正通过共同合作、创造价值、分享价值实现共赢。交朋友的本质也是一种与人合作，只不过合作的目的未必是在一起共同做事，而可能是为了共同兴趣、爱好、志向或价值观。所以虽然对一个人来说合作不是万能的，但是一个人不懂合作、不合作是万万不能的。

人际交往能力是合作的基础，提高情商能更好与人相处。情商是一种情绪商数，是指一个能够感知自我情绪并控制调节好自我情绪以及能够感知他人情绪并影响他人调整好情绪的能力。所以优秀的人具有良好的沟通能力，能够跟大多数志同道合的人打交道，和睦相处。情商高的人与人相处时能够做到有礼、有节、有耐心，善于换位思考，关注和理解他人感受与需要，并合理反馈与适度满足；善于倾听他人声音，言谈举止让人能够接受、感到舒适；经常关心他人、赞美他人、尊重他人，待人真诚友善，不说假话和违心的话；能够接受不同观点，容纳不同意见，遇到矛盾不回避、不争吵，善于妥善处理分歧，懂得适度退让，心胸宽阔，目光长远，不计较小的得失，与人交往不功利不势利、不卑不亢、平等待人。处理好人际关系还有很多方面需要修炼，人际能力是一个人最重要的能力之一。

个人是渺小的，团队是强大的。雷锋同志说过，一滴水，只有放进大海里才永远不会干涸；一个人，只有当他把自己和集体事业融合在一起的时候才能最有力量。人一生都要高度重视团结，搞好团结，无论是家人还是邻里与亲朋，无论是领导还是下属，无论是朋友还是陌生人。一切使人团结的是善与美，一切使人分裂的是恶与丑。用目标团结人、用思想团结人、用制度团结人、用情感团结人、用利益团结人、用宽容团结人、用良好的人际能力团结人、用品德团结人、用信任团结人、用愿景使命价值观团结人。总之，在坚守底线和原则的前提下团结一切可以团结的人，能搞好团结就能做管理者、做领导，甚至做企业家。

团结的目的是合作，合作需要智慧。合作是通过将更多人团结在一起实现共同目标，最终实现个人目标。合作的本质是互惠共赢，是利益的合理分配，合作最终是为了实现个体的目标和利益。大部分合作往往把最终的个人目标与利益放在团队合作的前面或核心层面，在合作过程中过分关注个人目标和利益，往往会忽视合作多方利益和诉求，也不能正确处理个人目标和团队目标的关系。不懂得先实现团队价值再来实现个人价值，不懂得维护团队利益就是维护个人利益的道理。有的人甚至利欲熏心，通过损害团队和合作者利益来谋求个人利益，自私自利的行为将失去团队的信任，被合作者抛弃或相互之间为了利益争斗，甚至因为违反法律走向罪恶深渊。曾国藩曾经说："利可共而不可独。"而老子说："祸莫大于不知足，咎莫大于欲得，故知足之足，常足矣。""夫唯不争，故天下莫能与之争。"

尚为通过向党学习团结合作和民主集中，较好地解决了团队团结和内部合作问题，也将外部合作者很好地团结在一起，产生了强大的凝聚力和向心力。尚为员工在生活中也能运用这种思想搞好家庭团结，真正实现家和万事兴。所以不管是企业家、管理者，还是个人，都可以从中得到启示，汲取营养。

第六章　实事求是与深入基层

组织诞生后，坚持什么思想和理论，走什么道路，采用什么管理模式、销售方式、工作方法等，都不可能完全一致。因为组织与组织是不同的，同一个组织在不同阶段与时期所面临的内部环境与外部条件也是不同的。所以管理者要不断更新自我认知，准确把握组织不同发展阶段的新变化、新特点，从实际出发，丰富组织思想与理论，完善发展道路，创新模式与方法，才能适应组织不同阶段的发展。

实事求是是中国共产党的基本思想方法、工作方法、领导方法。通过实事求是的思想路线和工作方法，我党开始了马克思主义中国化的实践探索，取得了巨大成就。一直到今天，我党仍然在用实事求是的思想不断丰富和发展马克思主义。

企业家和管理者如果能够通过实事求是的思想和工作方法把马列主义、毛泽东思想以及党的百年奋斗历程中的智慧和经验，与企业的具体实践相结合，把优秀企业的先进管理思想与理念，与企业的具体实践相结合，就能探索出适合企业自身发展的特色理论与道路，从而解决企业的生存与发展问题。

党的实事求是与深入基层

据查证，“实事求是”一词，最早出自东汉班固编撰的《汉书·河间献王传》：“修学好古，实事求是。”唐代颜师古为古史“实事求是”作注：“务得事实，每求真是也。”岳麓书院二进门框正上方高悬“实事求是”四个大字。所以“实事求是”是中华传统文化的精华。

“实事求是”是马克思主义的根本观点，是中国共产党人认识世界、改造世界的根本要求，也是我们党的基本思想方法、工作方法、领导方法。它的提出，是以毛泽东为代表的中国共产党人，科学地理解马克思主义的思想精髓，在与主观主义、经验主义作斗争的过程中，用中国成语对辩证唯物主义和历史唯物主义世界观和方法论所作的高度概括。

1938 年 10 月 14 日，毛泽东在党的六届六中全会上首次提出：“共产党员应是实事求是的模范。”1941 年 5 月 19 日，在延安干部会议上作《改造我们的学习》的报告时，他第一次详细阐述了“实事求是”的内涵：“实事”就是客观存在着的一切事物；“是”就是客观事物的内部联系，即规律性；“求”就是我们去研究。此后，在党不断成长的过程中，“实事求是”思想不断继承和发展，成为党长期坚持的思想路线。

只要认真学习中国共产党百年奋斗历史就会发现，实事求是贯穿于党的百年发展历程，是党一百年来克敌制胜的法宝，无论是在中国革命、建设、改革还是在复兴路上，凡是坚持实事求是的思想路线和方法就能取得胜利，凡是不坚持实事求是就会走向失败，造成巨大损失。

实事求是是党和人民事业走向胜利和辉煌的根本原因和根本经验。党创建之初，一直在寻找如何取得革命胜利的道路，在实事求是思想的正确指引下，我党找到了农村包围城市、武装夺取政权的革命道路。党经过二十八年的艰苦卓绝的奋斗，经过无数革命先烈的流血牺牲，推翻三座大山，建立了新中国，取得了新民主主义革命的伟大胜利，事实证明这条革命道路是中国民主革命走向胜利的必由之路和唯一选择。

新中国成立后，党一直在寻找如何取得社会主义建设胜利的道路，同样在实事求是思想的正确指引下，我党找到了中国特色社会主义道路，事实证明这是引领中国发展进步和走向伟大复兴的唯一正确道路。

坚持实事求是，才能做到普遍真理与具体实际相结合，才能推进马克思主义中国化。在这一过程中，实事求是作为党的思想路线，始终是马克思主义中国化理论成果的精髓和灵魂，党把马克思主义基本原理同中国革命和建设的具体实际结合起来，创立了毛泽东思想，实现了马克思主义中国化的第一次飞跃。改革开放以来，党把马克思主义基本原理同中国改革开放的具体实际结合起来，创立了邓小平理论、形成了“三个代表”重要思想、科学发展观，实现了马克思主义中国化的第二次飞跃。在新时代，党把马克思主义基本原理同新时代发展中国具体实际结合起来，创立了习近平新时代中国特色社会主义思想，实现了马克思主义中国化的第三次飞跃。

凡是不坚持实事求是的思想指导，就会出现各种“左”倾和右倾错误，造成党的巨大损失。例如：以陈独秀为代表的右倾机会主义错误，以瞿秋白、李立三、王明、博古为代表的三次“左”倾错误路线，全面建设社会主义时期的“左”倾错误，1958 年之后“大跃进”运动，农村人民公社化运动和“反右倾”斗争中的“左”倾错误，“文化大革命”时期的“左”倾严重错误等，都给党和人民事业造成了巨大的损失，是党和国家的深刻教训。

历史地看，实事求是不仅是中国共产党思想武装库中的根本利器，而且是中国共产党战无不胜、经久不衰的传家宝，是中国革命、建设、改革事业取得成功的根本原因和根本经验。正如习近平总书记所指出：什么时候坚持实事求是，党就能够形成符合客观实际，体现发展规律，顺应人民意愿的正确路线方针政策，党和人民事业就能够不断取得胜利；反之，离开了实事求是，党和人民事业就会受到损失甚至严重挫折。

由此可见，实事求是与党的历史息息相关，与党的事业兴衰成败息息相关，与党的思想理论创新发展息息相关。实事求是是一颗璀璨夺目的思想明珠，深深镶嵌在党和人民的血脉和灵魂深处，是一股磅礴强劲的价值力量，深深塑造着中国共产党人和中国人民的行为和活动方式。

如何才能做到实事求是呢？是深入基层、深入群众、深入实际，掌握实情，问需于民、问计于民，向人民群众学习，真正帮助基层解决实际问题。坐在办公室里看到的都是问题，深入基层看到的全是办法，高手在民间。没有调查就没有发言权，密切联系群众是党的三大优良作风之一，也是实现实事求是的重要手段。要全心全意为人民服务，一刻也不脱离群众，一切从人民群众利益出发，对人民负责，相信群众、依靠群众，从群众中来，到群众中去。

尚为学习：实践中经营，走动式管理

尚为的核心管理层没有一个是管理科班出身，大部分企业家和管理者都不是管理专业毕业。如何经营一家企业，没有经验可循，需要企业家和创业者自己去探索，去实践。所以经营的本质是实践，实践的关键在于行动。实践是检验真理的唯一标准，而结果是检验实践的标准。

实践结果的好坏显而易见，很容易判断。让实践产生好的结果是所有企业家和管理者梦寐以求的，却极为不易。这既取决于行动的坚决，又需要有正确的理论指导行动。理论可以向同行或其他行业优秀企业学习借鉴，但必须根据企业实际情况在实践中不断调整和改变，逐步形成企业自己的理念、道路、模式、方法。这一点上没有可以参考借鉴的理论与方法，要敢于摸着石头过河，在实践的过程中不断归纳总结提炼方法，形成理论，再去指导实践，在实践中进一步完善，整个过程都称之为经营和管理的实践。我党提出的实事求是是这个实践过程中唯一正确的思想路线、领导方法和工作方法。

通过实事求是探索创业道路。尚为自创业以来，始终秉承实事求是的思想路线和工作方法。结合尚为的实际情况，将党的百年奋斗中马克思主义中国化的理论成果企业化，创造了一条党建引领企业发展的创业道路，通过跟党学创业，用十年时间改变了中国工业照明格局，实践证明这是一条正确的道路。

通过实事求是探索内部孵化企业道路。尚为近几年启动内部创业孵化，保持团结合作和艰苦奋斗精神，始终坚持实事求是作风，将党建引领企业发展的创业理论结合新的创业环境，创造了一条党建引领企业孵化的孵化道路。通过跟党一起不断成长创新，孵化了十家企业，陆续解决了生存问题，准备用十年时间去努力实践，再造十个“尚为”的目标。

在实事求是的指引下，尚为管理者通过十几年的艰苦奋斗与探索，找到了适合尚为的经营模式、管理模式、营销模式，建立了完整的组织架构、管理机制、制度体系、经营理念、营销理论、工作方法，形成了有尚为特色的“爱文化”，清晰了大营销（“工业照明 +”）、大研发（软硬兼施）、大制造（智能大制造）三大战略，找到了跟党学创业的创业道路和跟党一起再创业的孵化道路。

尚为倡导领导带头、全员行动的工作理念和作风。推行走动式管理，管理层干部深入基层、深入一线、深入客户基层和客户一线，调研信息、倾听意见、发现问题、解决问题、协调资源、寻找经验。通过跟基层员工同吃同住同劳动，在工作中打成一片，既不脱离基层工作，防止退化基层工作能力，又能真正了解基层实际情况，体验基层员工的疾苦。对基层有感情，能跟基层员工交朋友、谈谈心，真正建立感情。

总部机关和工厂职能部门管理者不配独立办公室。管理者跟部门员工一样在卡座里办公，在物理空间上没有距离；上一级领导干部要长期兼任一个下级部门负责人，对下级部门工作环境保持感知。总部机关干部定期到全国省区市调研实际情况，了解制度流程和政策文件实施难度，将全国基层联勤人员与总部机关人员进行换岗，通过换位工作实现换位思考、增加了解、增进感情。

工厂各级管理者要定期下车间和生产线。管理者和一线工人打成一片，了解一线部门有什么新情况、新问题、新变化，帮助生产线解决问题，把信息和问题带回部门，从本部门探讨如何优化，推动相关部门优化，利用市场线上月度会议和线下定期会议，了解市场一线需求与痛点，定期召开前后方问题研讨会，及时整改。

研发部门要亲自进行样品试制，小批量试产时研发人员要上生产线装配，体验产品装配工艺。研发人员要深入市场一线，了解产品问题，收集使用信息，征求销售人员意见，同时要与销售人员共同到客户单位了解产品使用情况、客户工作环境、客户需求与痛点，听取客户合理化建议。有时候直接下到煤矿井等工作一线，工作时到现场进行支援，跟客户一起工作，真正做到跟客户同吃同劳动。新入司员工要在客户基层单位浸泡三个月才能逐步对客户进行销售和服务工作。凡是脱离公司基层部门的干部以及不能服务客户基层部门的员工，都会被公司批评教育，情况严重、长期得不到改变的干部与员工，会及时处罚甚至免职。扎实的基础工作是尚为生存发展的根基，必须毫不动摇地长期坚持，真正做到依靠基层，扎根基层。

除了极少数生产和研发等职能部门会有空降干部，尚为绝大多数干部都是从基层部门一层一层选拔出来的，真正践行了从群众中来，到群众中去。只有长期扎根基层的管理层干部，才能真正熟悉基层，锻炼意志，培养踏实工作能力与作风，才会对基层有感情，对公司有感情，对公司的培养充满感激，对岗位更加珍惜。虽然也会有知识和视野的局限，但是只要始终坚持实事求是的思想路线和工作方法，加大培养力度和手段，强化干部读书与学习，就能克服这种局限，真正实现从群众中来，到群众中去，依靠群众、服务群众、深入基层、扎根基层，践行实事求是思想路线、领导方法、工作方法。

管理者思考：透过现象看本质，同吃同睡同劳动

管理层干部在工作中一定要坚持一切从实际出发。坚持一切从实际出发是正确解决问题的前提，科学分析问题并找到原点，合理解决问题并开辟路径。因为自然界的存在和发展是客观的，社会的存在和发展也是客观的，而人的意识是客观存在的反映。所以，管理层干部想问题、办事情要把客观存在的实际事物作为根本出发点，要了解工作中的实际情况、客观环境和真实问题，要了解员工和客户的实际状况和真实想法，要客观看待周围的人和事，办事情要有客观精神，要正确估量和对待自己，同时能够换位思考。

一切从实际出发，就是要求干部想问题、办事情要尊重事物的客观规律和人性的本质规律，要尊重基本的常识。现实工作中管理层干部比较容易出现的情况是：有的从主观愿望出发，不顾现实条件，结果事与愿违；有的从个人经验出发，把过去的成功经验当成标准和方法，忽略环境的不同与事物的变化；有的从感性出发，喜欢拍脑袋拍胸脯，最后不得不拍屁股开溜；有的从感情和个人喜好出发；有的自私自利从个人利益和私心出发；有的违反人性和常识导致脱离实际人心背离、工作困难、结果不好。

管理者说话做事不能假大空，流于形式。管理者一定要说实话、说真话，不能说谎话、说假话，信用是最宝贵的资源，说到做到，信守承诺，做一个真诚、真实、真性情的人，唯有如此，才能获得公司、客户和员工的信任和支持。

管理者不能说大话、夸海口，避免说一些浮夸而不切实际的言论。说话做事要评估可实现性，凡是最终不能实现的言行都将对管理工作产生负面影响。说大话的管理者让人觉得不切实际、不可靠、不务实，所以管理者一定要谨言慎行、求真务实，说话做事要有事实依据，要有强烈的目标感和责任心，老老实实做人，踏踏实实做管理。

管理者不能说套话、空话、废话。这些言语空洞无物，没有价值。如果总说这类话，要么是管理者没有责任担当，不敢说；要么是思路不清晰，不知如何说；要么是不了解实际情况，实践经验不足，不知说什么；要么是目标感不强，做人不真诚不实在，做事没能力不作为，容易让客户员工反感和远离。

假大空都是一些空洞无物、空洞无用的思想和言语，没有新东西、新信息，不能给人新的启发，没有针对性、现实性，不能给人切实的指导。假大空是管理者普遍存在的管理现象，也是令人深恶痛绝的管理行为，更是一种不良的思想作风和工作作风，实质是一种形式主义在作怪，本质是缺乏实事求是精神。假大空对管理的危害是巨大的，很多管理者甚至意识不到自己存在假大空的行为，所以管理者一定要坚持实事求是的管理作风和工作作风，杜绝假大空，打击假大空和形式主义。

管理者不能不懂装懂，更不能摆起架子做领导。“知不知，尚矣。不知知，病矣。圣人不病，以其病病。”管理者只有知道自己的不足，敢于承认自己的不懂和不会，虚心学习和请教，才能不断自我成长，获得下属的尊重。不懂装懂只会让他人嘲讽与讥笑，是一种自欺欺人的无知和无能行为，摆架子做领导只会让员工远离，装腔作势只会令员工厌恶，得不到员工的尊敬，只会让人敬而远之，成为孤家寡人。管理者没有下属的真正支持，也听不到真话，工作将无法开展。

管理者不能被表面现象迷惑，要透过现象看本质。管理者在工作中通过“望闻问切”等方式获得大量信息，根据这些信息进行分析判断，得出结论，指明工作方向。这些信息往往是显性的、表面的、多变的、丰富的，我们把这些信息称为现象。大部分管理者都是根据事物的现象进行感性思考与判断，从而经常被表象迷惑。现象是事物的外部联系，而本质是事物的内部联系，是决定事物性质和发展趋向的东西。

现象往往是局部和片面的，本质比现象更深刻、更全面。因此，人们对事物的认识必然经历从片面到全面，从简单到深入，从现象到本质，从感性到理性，实事求是就是透过现象看本质，寻找事物的内在联系与规律。管理者要具有这种由表及里、由浅入深、由局部到全局的思维与精神，从而不断寻找事物的真相与本质。

执行力是管理者重要的能力，但死板执行不是一种实事求是的精神。坚决完成任务与目标是执行的态度，不能动摇更不能打折扣，但执行时要将外部环境和内部条件相结合，从而创造性地制定具有可行性的执行方案，最终完成任务实现目标，这才是真正的实事求是精神与作风。

管理者要善于调查研究。调查研究是一个干部的基本功，干部要勤于调研、乐于调研，通过深入的调查研究，掌握第一手资料，了解事物的真相与全貌。这有利于科学分析与决策，提高问题解决能力。不能只坐在办公室里做管理、看报表、听汇报，这样很难了解真实信息、发现真正的问题，所做决策是闭门造车，危害巨大。

调查研究是干部重要的工作方法。调查研究既是一种工作方法，也是一种工作能力的体现，更是一种务实的工作作风。凡是不喜欢调查研究的干部往往脱离实际，不了解实情却高高在上，喜欢发号施令独断专行，不按规律办事，这是典型的官僚主义作风，喜欢搞假大空等形式主义。长期坚持调查研究的干部具有一种求真务实的工作作风。

管理者要善于跟基层员工打成一片。管理者大部分都在基层工作过，对基层环境熟悉，对基层人员有感情，提拔成管理者后，无论职务多高，都不能高高在上脱离基层。管理者要经常到基层现场去调研，了解基层真实情况，要关心基层员工的疾苦，倾听他们的心声，从情感上给予关怀，与基层员工打成一片，不摆架子，没有距离和隔阂，用实际行动温暖基层员工。这样的干部才是实事求是的干部，才会得到公司、员工和客户的长期支持。

员工启发：做人要诚实，做事要踏实

实事求是不仅对一个组织和管理者很重要，对每一个人也必不可少。人的一生只有坚持实事求是的精神与作风，才能取得成功，但长期做到实事求是却并不容易。

首先做人要诚实。古语说："诚者，天之道也；诚之者，人之道也。""诚者，物之终始，不诚无物。"诚是天道的法则，实行这个诚是做人的准则。诚贯穿在世间万事万物之中，没有诚就没有世界上的万事万物。做人要真诚、真实，不能虚伪虚假，否则不会有高尚的人格，不能获得他人的尊敬与信任，不会养成真诚务实的为人处世作风与习惯。诚实的人首先不自欺欺人，也不会欺骗他人，做人信守承诺，做事尊重事实、追求事实、不弄虚作假，只有这样才能获得社会信任，才能培养做事能力。

其次做事要踏实。人的一生就是通过不断做事和做成事来实现人生的价值，能否做成事取决于态度和能力两个方面。态度往往比能力更重要，人们做事往往有两种态度，一种是务实，一种是务虚。做事务虚的人往往主观感性，不以结果为导向，不关心事情能否做成、目标能否实现，更关心自我感受，喜欢追求形式做表面文章，喜欢将资源铺张浪费，搞形式主义，做面子工程，喜欢搞假大空，官僚主义作风严重，高高在上不务正业，不做实事不管实情，脱离现实脱离群众。做事务虚的人最终结果是做不成事，浪费资源损失惨重。

做事务实的人追求结果。通常比较理性和客观，有强烈的目标感和事业心，以目标为导向、以结果为标准，关心事情的过程与结果，追求实效和高效，反对铺张浪费和形式主义，将资源投入目标实现中去，做事喜欢亲力亲为、勤勤恳恳、踏实认真。为了将事情做成，融入团队打成一片，即便做了领导也不摆架子，平易近人；普通员工为了做成事也不溜须拍马，甚至敢于指出领导问题，提出不同意见。

做人不仅要务实，还要敢于求真。著名教育学家陶行知先生有句名言：“千教万教教人求真，千学万学学做真人。”所以“真”比一切都重要。做人首先要有真诚、真心、真情、真意，才能不断修炼自己，同时更要敢于从实际出发，善于调研全面情况与收集充分信息，勤于分析，找到真相，敢于探索和追求真理。

求真首先要从实际出发。想问题、办事情要把客观存在的实际事物作为根本出发点，不能凭感觉和主观想象出发。求真要善于寻找真相，不能被表象和假象蒙蔽，不能被个例、特例和局部引导，要通过调查研究了解实情，多角度、多对象、多渠道和多方法来全面收集信息，去伪存真，确保信息客观真实、充分全面。求真不能轻易下结论，平常在工作生活中听到和看到的未必是真相，也可能是主观和片面的，甚至是假象与谎言，一定要小心谨慎。要科学分析，充分论证，反复求证，才能得到真实情况，逼近真相。

求真不能不懂装懂、自以为是。要不耻下问，敢于打破砂锅问到底，每个人在工作生活中都不可能做到先知先觉，更不可能做到全知全懂，不懂是常态，全懂反而不正常。所以要端正心态，坦然面对不懂和敢于承认不懂，不懂不放过且一定要搞懂，勇于请教、要不耻下问，才能取得真经做到真知真懂。

求真就要善于透过现象看本质。通过求真获得真相，但不能停留在真相，真相往往是事物的显性和表面，要通过去伪求真、由此及彼、由表及里，了解事物的本来面貌，实现从现象到本质。要善于根据客观事物去寻找内在联系与规律，这个过程就叫追求真理，真理就是人们对客观事物及其规律的认识。所以我们在日常工作生活中要尊重规律和不断寻找规律，像人性的本质规律和事物发展的客观规律都是我们要长期尊重的。

年轻人要敢于深入基层、扎根基层。“合抱之木，生于毫末；九层之台，起于垒土；千里之行，始于足下。”事物的发展规律都是从无到有、从小到大的，事物的基础和组织的基层非常重要，是成功的关键。大学生刚毕业或者年轻人刚踏入社会，拥有一定的知识，但缺乏必要的经历和经验，要敢于到社会的基层去锻炼。通过基层工作了解基层信息、熟悉基层环境，积累工作经验，不断提高认知能力和学习能力，从而增强综合素质。基层条件相对艰苦、工作压力大、劳动强度大，可以锻造坚韧品格，为个人的成长与发展打下坚实的基础。正所谓：“天将降大任于是人也，必先苦其心志，劳其筋骨，饿其体肤，空乏其身。”

企业的管理者依然要保持务实作风，经常回到基层，既不让自己因为基础环境变化而导致认知脱节，也不会因为自己的岗位变化让自己丢失务实作风而自我膨胀。企业家和管理者以及个人只要向党学习长期坚持理论联系实际和实事求是的作风，在工作中密切联系群众并关心基层群体，经常开展批评与自我批评，就能充满活力、求真务实、基业长青。

第七章　问题导向与改革创新

一个组织从成立之初就面临各种矛盾，困难重重，问题多多。问题和矛盾是普遍存在的，是不以人的意志为转移的。作为企业家和管理者，只有不断面对问题、解决矛盾，才能解决企业的生存问题并推动企业的发展，一个社会也是在问题和矛盾不断解决的过程中前进发展的。

从诞生之日起，问题与矛盾就伴随着人的一生。无论是在孩童时代、学生时代，还是进入社会，无论是在生活、工作、情感，还是在家庭中，人生路上都将面临层出不穷的问题与困难，甚至坎坷与失败。只有勇敢面对问题，正视矛盾，才能解决问题，在解决问题的过程中得到成长与发展。

组织和个体在不同发展阶段遇到的问题是不同的，解决的方式方法自然也不同。管理者不能用过去的方法解决今天的问题，那是刻舟求剑，要根据今天的问题与变化，改变过去的思维与方法，寻找新的解决方案，这个过程叫改革也叫创新，所以不断解决问题的过程就是不断改革和创新的过程。中国共产党始终坚持问题导向与持续不断改革创新，值得企业家与管理者借鉴。

党的问题导向与改革创新

认识世界、改造世界的过程，就是发现问题、解决问题的过程。马克思指出：“问题就是公开的、无畏的、左右一切个人的时代声音。问题就是时代的口号，是它表现自己精神状态的最实际的呼声。”毛泽东同志说：“问题就是事物的矛盾，哪里有没有解决的矛盾，哪里就有问题。”习近平总书记在党的二十大报告中指出：“必须坚持问题导向。……我们要增强问题意识，聚焦实践遇到的新问题、改革发展稳定存在的深层次问题、人民群众急难愁盼问题、国际变局中的重大问题、党的建设面临的突出问题，不断提出真正解决问题的新理念新思路新办法。”

党始终强调要树立问题意识，坚持问题导向。党之所以能够不断从胜利走向胜利，始终走在时代前列，一个重要原因就是在于能够准确把握各个时期中国社会的主要矛盾。在发现问题、分析问题、解决问题中把握历史脉络，找到发展规律，推进理论创新，也就是习近平总书记所指出的：“历史总是在不断解决问题中前进的，我们党领导人民干革命、搞建设、抓改革，都是为了解决我国的实际问题。”

革命战争年代，正是成功解决了中国革命的目标道路、领导力量和依靠力量等一系列根本问题，才最终赢得新民主主义革命的伟大胜利。新中国成立后，正是创造性地解决了对农业、手工业和资本主义工商业进行社会主义改造等重大问题，才顺利实现从新民主主义向社会主义的过渡，并开启了社会主义建设新征程。改革开放以来，正是紧紧抓住什么是社会主义、怎样建设社会主义、建设什么样的党、怎样建设党、实行什么样的发展、怎样发展等重大问题，并在实践中不断取得突破，才成功开辟和拓展了中国特色社会主义道路，使当代中国和中华民族确定光明前景的方向。可以说，强烈的问题意识贯穿于革命、建设、改革等全部实践，成为党和国家事业发展的强大动力。

党始终强调，问题是客观存在的，要敢于直面问题，正视问题，善于发现问题。问题无处不在、无时不有，关键在于敢不敢于正视问题，善不善于发现问题。敢不敢于正视问题是态度问题，需要我们时刻保持头脑清醒，对存在的问题不掩盖、不回避、不推脱，否则就会使小问题演化成大问题。在国际国内相互联系中发现问题，在改革发展实践中发现问题，在总结经验教训中发现问题。

党始终坚持用科学的方法分析和研究问题。发现问题是前提，能不能正确分析问题更见功力。要坚持具体问题具体分析。具体问题具体分析是马克思主义活的灵魂，不同事物的矛盾具有不同的特点，同一事物的矛盾在不同发展阶段也各不相同。要善于透过现象看本质。任何事物都有现象和本质两个方面，许多问题并不是一眼能看穿识透的。要抓住事关全局的重要问题。唯物辩证法告诉我们，事物的主要矛盾决定事物的性质和发展方向，只有抓住了主要矛盾和矛盾的主要方面，才能找到解决各种复杂问题的重点。

党始终强调要解决突出问题。奔着问题去，以刮骨疗伤的勇气、坚韧不拔，坚决予以整治，推动解决人民群众反映强烈的突出问题，着力推动解决我国发展面临的一系列突出矛盾和问题，要有敢于触及矛盾、解决问题的责任担当，要到实践和群众中寻找解决问题的办法，要提高解决问题的能力。

党在直面问题和解决问题的过程中，诞生并逐步完善了体制、机制，也形成了丰富的思想观念、理论体系、思维方式、经验和方法。随着外部环境、内部条件以及发展阶段的变化，生产关系慢慢不符合生产力发展的需求，过去的思想、理论、观念、思路、方法都要与时俱进、适应变化、不断改革创新，从而满足新的发展需要。

改革创新是中华民族进步的灵魂，是社会发展的推动力。创新是一个民族进步的灵魂和精神支柱，是一个国家兴旺发达的不竭动力。社会发展史证明，人类进步的历史就是一部创新的历史，人类的一切文明成果，都是创新思维的胜利成果，都是创新智慧的凝结。

改革创新是党的建设事业发展壮大的重要保证。党的一百年奋斗史就是不断改革创新的历史，通过改革创新实现了马克思主义的中国化和时代化，创立了毛泽东思想、邓小平理论、“三个代表”重要思想、科学发展观、习近平新时代中国特色社会主义思想等理论创新思想，通过改革创新，实现了农村包围城市、工农武装割据革命道路和中国特色社会主义道路的道路创新。在革命、建设、改革、复兴路上，始终用改革创新的精神、思想与方法，不断解决生存与发展中遇到的问题与挑战，战胜一个又一个困难，推动党的建设、经济发展、社会进步、国家富强。

创新是党保持生机与活力的源泉，也是推动党的建设与时俱进的强大动力。通过持续不断进行观念创新、思路创新、内容创新、方法创新、机制创新、载体创新，推动党的建设和事业发展。

改革创新是当今时代精神的核心，是激发社会创造活力的强大力量。改革创新是这个时代在最新的创造实践中激发出来的，反映社会进步的发展方向，引领时代进步潮流，是时代的最强音。正是依靠改革创新精神，我们创造了改革开放四十多年来举世瞩目的辉煌成就。

尚为学习：纵容是失职，安慰是毒害

尚为在十几年的生存发展中，遇到了无数困难与问题，尚为人没有被困难吓倒，也从来不回避问题，没有侥幸心理，勇敢面对困难，坦然正视问题，不断在战胜困难、解决问题的过程中生存下来，有所发展。

尚为人明白一个深刻道理，所有的问题都是管理的问题，本质是人的问题。所有员工的问题，本质是领导的问题。所以问题在下级，根子在上级，要求员工总结工作问题时轻外部环境，重内部原因；轻客观原因，重主观原因；轻物的原因，重人的原因；轻他人原因，重自身原因。凡是强调外部环境、内部条件和他人因素的员工，都是逃避问题和寻找借口。上级管理层干部都有责任指出问题，制止错误思想与行为，否则就是一种纵容。纵容下属问题是领导干部的失职行为，无法帮助下属成长。下属犯了错误或者遭受失败，很多领导干部看到下属心情不好、状态不佳，通常会不断安慰。但只安慰而不指出下属问题，会导致下属产生错觉，以为自己没有错，没有责任和问题。这种错觉对员工是极其有害的，所以一味安慰是毒害。

尚为要求员工敢于正视问题。要求干部敢于指出下属问题，更要求干部通过员工的问题寻找自身问题。教育和管理团队是领导干部的职责，所以下属在工作中犯错，作为直接领导干部负有不可推卸的责任。要帮助员工指出问题，在他改正错误的同时总结自身存在的管理问题，才能提升自己的认知与能力，从而更好管理团队、帮助员工。

公司核心层有直面问题的勇气才可能在公司形成正视问题和寻找自身问题的文化。核心创业团队在创业筹备期的第一个月，做的最重要的一件事就是闭门反思。将第一次创业进行全面复盘，总结成功经验，寻找失败教训，全面系统地寻找公司和同行企业中存在的问题，针对问题寻找原因和解决方案，从而不断完善新的创业方案，所有的问题最终的落脚点都回到人的问题，回到管理层的问题，最后回到最核心领导团队。

更尖锐的是回到我们自身，因为我们就在当时的董事会和经营班子中，总结其他核心成员的问题意义已经不是最大，最多引起我们的警醒。找到自己的盲区与短板并加以改变，才是最有意义的事情，当然也是最痛苦的事情，就像拿一把尖刀把自己的胸膛割开，把心脏掏出来看一看洗一洗，再补一补，塞回去。无比残忍与痛苦，几乎体无完肤，发现自己全是问题，有时候对自己的能力都产生了怀疑。这个过程虽然痛苦，但是也像鹰的重生、凤凰涅槃，最后让自己脱胎换骨、神清气爽、满血复活。

正因为公司的核心领导层都敢于正视自身问题，各级干部员工在日常工作中大部分都树立了问题意识，坚持问题导向。无论在工作汇报、项目分析、各类会议还是书面报告中，都把发现问题、分析问题、提出具体的解决问题方案作为工作重点，单独谈话、走动式管理、基层调研、调查问卷、头脑风暴、十万个为什么、数据分析、私董会等都是发现问题和解决问题的具体方法。各级干部员工经常为了搞清楚一个问题而开会到深夜，没有找到问题和原因不放过，没有找到解决办法不罢休，再用 PDCA 循环的方法来确保问题最终得到解决。

创业早期有一款产品出现问题，玻璃破裂掉到地上，差一点砸到工人，客户非常生气。公司非常重视，调集所有研发人员进行分析，前后花费一周时间，通宵达旦，派人飞到客户现场调研，最终还是没有找到问题原因。我作为总经理只好亲自坐飞机去跟客户道歉，并坦诚告诉客户没有找到问题原因。客户回答说："虽然问题没有找到，但尚为对待问题的态度是端正的，只要解决问题，我们还要跟尚为合作。"后来终于找到原因并顺利地解决了产品问题，客户也成为我们的长期合作伙伴。

干部员工在工作中犯错误，绝不放过，错误严重的坚决处理。犯错是难免的，及时改正就是好同志，错误造成损失与后果要勇于承担，公司绝大部分高管都接受过降级等行政处分，最高管理层曾经两次自己处罚自己，不少干部也主动向公司申请处罚自己。

发现问题的目的是解决问题。经营管理中的问题是层出不穷的，在不断解决问题的过程中，会遇到新情况、新变化、新问题，要不断运用新思维、新观念、新方法解决新问题，善于用创新的办法解决企业发展中的问题。

公司始终高度重视创新工作。通过技术创新、组织革新、管理创新、市场创新等不同领域不同形式的创新，提高了公司生产力和竞争力，不断推动公司解决生存与发展的问题。对工业照明的经营模式、管理模式、营销模式不断创新，开辟了以党建引领尚为发展的创业道路和“工业照明 +”的内部孵化道路；在研发中不断引进新工艺、新材料、新技术，开辟了软硬兼施的技术道路；生产制造中不断引入新设备，优化流程和工艺，开辟了智能大制造的道路；管理中不断进行制度完善、流程再造，管理理论和营销理论创新，组织架构优化，管理体系和机制的完善与创新，具体工作具体分析，不断优化方法和工具创新。尚为十几年的发展过程就是不断变革和创新的过程，除了尚为的文化、奋斗精神、优良传统和深厚感情没有改变，为了适应新的发展阶段和环境变化，实现新的目标，改掉旧的、不合理的部分，不断完善并创新思想、观念、方法，正所谓：“苟日新，日日新，又日新。”

管理者思考：没有问题的团队是问题最大的团队

管理工作是由各种问题组成的。管理者就是要善于不断发现问题、正视问题、分析问题、解决问题，在解决问题的过程中大胆创新，同时不断自我提高。管理就是解决问题，凡是发现不了问题也没有解决问题能力的管理者，要坚决淘汰；凡是只发现问题、提出问题而不能解决问题的管理者，要慎用；既能发现问题又能解决问题才是优秀的管理者，要重用。

到底什么是问题？问题是目标标准值与现状之间的差距，是应有状态与实际状态的差异，说到底目标与结果往往会有差距，这种差距就是我们要解决的问题。

问题是团队的声音，矛盾是前进的动力，管理者一定要正确看待问题。很多管理者不喜欢问题，尤其害怕自己部门存在问题，更不希望上级领导知道自己部门有问题，跟领导汇报工作时只谈成绩不谈问题，领导下来检查工作时让下属掩盖问题。没有问题的社会是不正常的社会，没有问题的团队是问题最大的团队，没有问题的个人是问题最大的个人。人类认识世界、改造世界的过程就是不断发现问题、解决问题的过程，所以问题是人类和社会前进的动力，管理者只有不断解决工作中存在的问题才可能实现目标，才能创造价值，团队和个人才能实现自己不断成长。

管理者的职责就是帮助下属发现问题，帮助下属和团队消除盲区，成为团队的观后镜和望远镜。所以管理者一定要时刻自我警醒，不能帮助下属找到问题就没有存在价值，要成为团队和下属的第三只眼。找到问题不是目的，管理者要帮助下属和团队分析问题，寻找问题背后的原因，找到切实可行的解决办法，做下属和团队的智囊团，成为真正的超级外脑。发现问题的最终目的是解决问题，凡是不能真正解决问题的工作都是无用功。管理者要有亲力亲为的作风去解决问题，或者推动问题解决，成为下属和团队的助推器，成为解决团队问题的超级第六人。有的管理者不听基层声音，务虚不务实，导致发现不了问题，还有的管理者面对问题时推诿、找借口、找理由，证明问题不是自己或部门的，这样的管理者都是不称职的。

管理者能够发现问题是关键。管理者要树立问题意识，坚持问题导向，喜欢问题并善于发现问题。管理者在工作中要少听成绩汇报，多听问题和困难汇报，以诚恳的态度希望领导、同事、下属和客户能够指出问题、提出意见。管理者要善于观察和倾听，透过现象看本质，不被现象和成绩蒙蔽双眼。管理者要善于调研、征求意见、不耻下问，深入基层和现场一线，与基层打成一片，多交基层朋友，听得到基层声音。管理者要不断提高工作目标，以更高工作标准和要求作为衡量工作与事物的尺度，从而容易找到期望值与现实状况的差距，更好发现问题。

能够发现问题体现了一个管理者的态度与作风，也是管理能力的体现。管理者发现问题后一定要对问题进行分析，目的是找到问题产生的原因，制定解决问题的方案与措施。首先对问题进行分类，根据不同的属性可以分为人的问题和事的问题，主观问题与客观问题，个性问题与共性问题，简单问题与复杂问题，全局问题与局部问题，普遍问题与特殊问题，短期问题与长期问题，常规问题与非常规问题，恢复原状型问题、预防隐患型问题与防范潜在型问题等。也可以根据问题的观念与重要程度进行分类，分类是分析的第一步。第二步就是具体问题具体分析，分析的方法和工具多种多样，比如SWOT 分析法、5W1H 分析法、鱼骨图分析法、6 顶思考帽法、金字塔原理、麦肯锡 7 步分析法、思维导图等。有的问题让下属分析、有的自己分析、有的让领导帮助分析、有的跟团队一起分析，目的就是找到问题的原因与制定解决方案，有时候原因与方案一并完成，大部分时候让下属根据原因独立思考提出解决方案，管理者帮助下属最后优化和评估方案可行性。

制定解决方案的目的是务实解决问题。管理者只有解决问题才能真正实现目标，达到想要的成果，从而真正创造价值。如何才能解决问题呢？关键在于制定的解决方案和办法能否得到坚决执行。首先管理者必要的时候需要亲力亲为，体悟实践，既实现解决问题的目的，又让自身得到体验，提升解决问题的认知与能力，也能增进感情获得团队更大信任；其次要成为解决问题的推动者和监督者，运用 PDCA 循环，确保问题得到真正解决。问题解决后要举一反三，完善不足、防止类似问题再次发生，要形成经验推广让团队借鉴。解决问题有几个原则：要遵循对症下药，重点问题重点解决，简单问题立即解决，刨根问底追根溯源，问题不解决决不放过，谁的责任谁解决，责任者没处理不放过，态度问题要惩罚并教育，能力问题要追究责任并加以训练。

解决问题要大胆创新。管理者要敢于运用新思维、新工具、新方法，从而更好实现解决问题的目的。管理者通过寻找问题产生原因来大胆改革，对造成问题产生的机制、体系、思想观念等敢于不断改善、改变、改良、改革，甚至革新和革命，从而彻底将问题解决。改革创新就是为了解决问题和更好地实现目标，创新往往来源于困难，当问题近在眼前却没有很好的解决方案时，特别需要创新，管理者要有改革和创新的魄力、勇气与担当。

面对新形势、新情况、新问题，管理者一定要与时俱进、敢于变革、大胆创新，用新理念、新思路、新对策、新方法来解决新问题，不能刻舟求剑，用旧经验解决新问题，不能穿新鞋走老路。

彼得·德鲁克认为：“一家企业只有两个基本职能，创新和营销。”创新能够激发人的创造性，能够创造出新的理念、新的方法、新的产品和服务，以及创造新的机遇。为了适应瞬息万变的市场环境，管理者要善于创新，要不断地为自己营造出良好的创新环境，不断地扩宽思路，创造新点子，从而以创新奇特取胜，用常规思维逻辑之外的想法去赢得顾客和市场。

管理者可以从七个方面提升创新思路：意外事件；从不协调的情况中寻求企业创新的机会；从程序需要中寻求创新机遇；从企业和市场结构的变化中寻求创新源泉；从人口变化中寻求创新机会；从观念变化中发现创新机遇；从知识创新中寻找创新的来源。

观念创新是管理创新的灵魂，创新是企业实现可持续发展的无尽动力，世界唯一不变的是变化，无创新不管理，无创新就死亡。

员工启发：讨厌问题，失败跟着你；爱上问题，成功伴着你

世界上本来就没有路，走的人多了，也便成了路。每个人的人生道路都是独一无二的，都是自己从未经历过的，也只能够依靠自己一步一个脚印，脚踏实地去走，人生这条路上会有很多风雨，会遇到很多困难与挫折，要面对和解决无数的问题与麻烦，要经历许多坎坷与失败。

小时候我们要面对走路、说话、吃饭、穿衣等独立照顾自己的问题，我们经常摔倒又爬起来，哭着鼻子继续学走路，模仿大人牙牙学语时被大人嘲笑，学拿勺子和筷子吃饭，吃得满脸满地都是，衣服和鞋子经常穿反。之后我们要面对幼儿园、中小学、大学的学习，越往高年级，学习压力就越大。踏入社会我们要面临独立生存、

找工作、与人交往、恋爱、结婚、生子等，面临无数工作与生活的问题和压力，经历生老病死、悲欢离合的苦痛，最终渴望的是获得成功、幸福、平安。

能否拥有幸福成功的人生，关键取决于我们如何面对人生路上的困难、问题、挫折与挑战。如果我们逃避和害怕这些，那么我们可能无法独立生存、学有所成、独立工作，也无法建立感情和组建家庭。哪怕最终完成了也是受父母、老师或领导所迫，不得不勉强应付了事，既做不好，也学不会，同时也不快乐。

我们要用积极乐观的态度去面对不同人生阶段所遇到的问题。要有正视问题的勇气，而不是逃避，要有解决问题的信心与决心，而不是找借口与理由，要不断磨炼面对困难和失败的承受能力，不依赖他人，更不放弃。

问题是人成长的方向，困难是人前进的压力与动力。发现问题就能够知道自己的不足与盲区，发现一系列的问题能够让我们清楚自己的短板与瓶颈。通过分析问题既能够让我们清晰解决问题的思路，也能让我们清醒认识到自己成长的方向。通过解决问题既能够让我们实现结果达到我们想要的目标，又能锻炼和提高我们的能力。人的信心就是在不断解决问题中积累的，人的工作能力就是在不断解决问题中形成的。困难往往是各种没有遇见过的、很难解决、又有挑战性的问题，对人是一种极大的压力，而解决一个困难往往会让人获得从没有过的成果与成长。困难对人的成长与发展是一种重要的助推剂，我们遇到问题和困难能够这样正确看待就会喜欢问题，视困难为机会，甚至是难得的机遇，所以我们常常说困难与机会并存。

不同的人对待问题与困难的态度不同。一种人喜欢把外部环境、内部条件与客观因素等作为产生问题的主要原因，这种人往往会强调物质资源和客观事实的重要性，从而忽视了精神资源和人的主观能动性，通常习惯提要求、讲条件、找借口，要么抱怨环境不好与社会不公，要么抱怨领导不行与团队不支持，从来意识不到自身存在问题。问题得不到解决，导致信心不足和能力不强，工作和生活的结果自然不好，人生也很难获得成功。另一种人清醒地认识到外部环境和内部条件虽然存在问题，但是个人和团队暂时很难改变这些物质条件和客观因素。而解决问题需要靠两种力量，一种是客观的物质力量，一种是主观的精神力量，客观事实无法改变时不能放弃和抱怨，要通过人的主观努力去弥补，要找人的因素，尤其要找到自身的问题，通过认识和改变自身问题，从而实现自我改变，最终将问题解决。

这才是一个优秀的人面对问题和解决问题的成功之道。从内部找原因而不是从外部找理由，从自身找原因而不是从他人身上找问题，才能做到正确归因，从而正确解决问题，克服困难。向内归因的人取得成功时往往将原因归结在环境好与运气佳，离不开领导帮助与团队支持；失败时往往将原因归结在自己努力不够和能力不足，认为是自己缺乏经验或者方法不当等自身因素。而向外归因的人正好相反，取得成功时把原因归结在自己的努力和能力，失败时把原因归结在环境不好和资源缺乏或者机会不好。所以向内归因的人取得成功时懂得感恩，暂时失败时懂得总结与反思；向外归因的人取得成功时容易骄傲、不懂感恩，失败时只会抱怨不会反思。

在人生路上不断发现与解决问题的过程中，会获得人生经验，提高认知。这些经验与认知是在无数困难与挫折中获得的，来之不易，能够正确指导人们在未来人生路上面对和处理各种问题。这些经验与认知如果不能根据不同人生阶段遇到的不同问题和不同环境而不断调整与改变，那么这些曾经成功的认知与经验就会僵化和固化，甚至老化，就会成为阻碍人们继续成功的束缚。人生路上会不断出现新环境，遇到新情况和新问题，不同阶段会出现新形势和设定新目标，如果我们只是照搬过去的经验与认知，就会犯经验主义和主观主义或者教条主义的错误，给人生带来重大损失甚至失败。

所以古希腊哲学家赫拉克利特说："人不能两次踏进同一条河流。"世界上唯一不变的是变化，人的一生是一个不得不面对改变的一生。环境在变、社会在变、世界在变、他人在变，其实自己也在不知不觉中改变，所以人要感知变化，积极面对变化，主动拥抱变化。人要不断地改变自己的意识与观念，不断改变自己的思维与行动，用积极的心态去迎接新变化与新问题，从而获得新认知与新能力，最终获得新成功，成为时代的弄潮儿。人生中既要做到与时俱进，又能够急流勇退，从容面对困难，淡泊面对名利，坦然接受成功与失败，才能真正拥有成功幸福的人生。

这就是尚为的管理者和员工从党的直面问题和改革创新中获得的感悟与认知，运用到了尚为的经营实践和尚为人工作生活中的方方面面。我们的人生经历风风雨雨，我们的事业经受磨难与挫折，而依然对生活和生命以及我们的事业充满自信与热爱，对未来充满了期待与憧憬。

第八章　干部培养与青工教育

科技是第一生产力，而人才是第一资源。无论是一个国家、民族还是一个企业，人才都是最宝贵的资源。人是一个组织的核心要素，组织和团队是由人组成的，如何将组织建设好，将团队管理好，干部是关键因素。干部作为管理者是组织运转的枢纽，企业最大的财富是干部队伍，干部队伍才是企业持续发展的保障。一个组织的路线确定以后，干部才是真正的决定因素。

新陈代谢是大自然的规律，也是人类和社会发展的基本规律。对一个组织来说，长江后浪推前浪，一代新人换旧人，这是一个组织生存发展的基本规律。青年是国家的未来和社会的希望，是企业发展的主力军和中坚力量，决定着企业未来成败的关键，所以企业要重视新鲜血液的注入，加强青年职工的教育与培养，打造一支思想和素质过硬、活力四射的青年近卫军。

中国共产党历来重视干部培养，形成了完整系统的体系和梯队，也长期重视青工和青年干部的教育，值得企业家和管理者学习。在革命战争年代，很多二十几岁的年轻人担任党和军队的重要领导岗位，一群热血青年为民族独立抛头颅洒热血，不怕牺牲勇往直前，在革命路上前仆后继，体现了青年的使命与担当，令人崇敬，值得学习。

党的干部培养与青工教育

中国共产党历来高度重视干部队伍建设。经过一百多年的发展，党从最初的五十几人壮大到九千八百多万人，组织规模发展速度特别惊人。其中重要的原因是我党组织建设能力强，而组织建设中最重要的是干部队伍建设，我党培养了一批又一批能带队伍、敢打硬仗和能打胜仗的干部队伍。

毛泽东同志指出："政治路线确定之后，干部就是决定的因素。"邓小平同志指出："选拔培养中青年干部这个问题，是个战略问题，是决定我们命运的问题。"习近平总书记指出："努力造就一支忠诚、干净、担当的高素质干部队伍。"

党的干部任用标准高，清晰严格。《中国共产党章程》第六章三十六条规定了干部的六条标准。毛泽东同志指出："政治是主要的，第一位的"，干部要"又红又专"，坚持德才兼备，以德为先。邓小平同志指出，要实现干部"四化"：革命化、年轻化、知识化、专业化。江泽民同志提出了干部"三讲"标准：讲学习、讲政治、讲正气。其中讲政治是核心。胡锦涛同志提出了好干部的标准："权为民所用、情为民所系、利为民所谋。"习近平总书记提出二十字好干部标准："信念坚定、为民服务、勤政务实、敢于担当、清正廉洁。"

党历来重视干部的教育和培养工作。《干部教育培训工作条例》："干部教育培训是建设高素质干部队伍的先导性、基础性、战略性工程。"从政治品质上培养干部对党忠诚、信仰坚定；从理论品格上培养干部学习理论，指导实践；从能力素质上培养干部善于调研，积极作为；从精神状态上培养干部敢于担当、勇于斗争；从人生情怀上培养干部躬身为民，心怀家国。“宰相必起于州部，猛将必发于卒伍。”党强调干部要从基层做起，打好基础，在实践中锻炼干部，尤其是把基层一线当成考验、锻炼和提高年轻干部的主战场，让干部通过丰富经历和阅历，不断提升自己的理论水平、专业素质和实践能力。党强调建立干部培养体系，选出好干部更要培养好干部，建立源头培养、跟踪培养、全程培养的干部培养体系。同时也强调组织培养与个人努力相结合，干部的成长既要靠组织培养，也需要个人努力，个人努力是内在基础条件，个人需要不断涵养优秀思想品德，努力补足精神之“钙”，自觉树立终身学习理念，逐步提升自身能力素质。中国共产党是一个善于学习的政党，要求干部重视学习、坚持读书、长期学习、终身学习，要求党员干部自我净化、自我完善、自我革新、自我提高。

党校对干部的培养教育发挥了重要作用。党校是党的一大政治优势和成功经验，从建党之初的农民运动讲习所、工人夜校、党校到改革开放后的以中央党校为代表的干部教育培训学校，开始逐步走向制度化、规范化、科学化的道路，党校是党的学校，是教育培训党员领导干部的主渠道、主阵地，是提高党的执政能力、执政水平的重要保证。

党高度重视干部选拔和任用。严把用人关，严格按照《党政领导干部选拔任用工作条例》来选拔任用干部。条例对选拔干部坚持哪些原则、有何要求、基本条件、基本资格、破格提拔条件、拓宽视野和渠道等都做了明确的规定和清晰的指导。

党任用干部首先突出政治标准。对党忠诚是对干部的第一要求，也是干部的首要政治品质。党任用干部重视真才实绩，把真才实绩作为反映干部能力的重要体现。党任用干部注重基层经历，把长期在基层工作，解决基层问题方法多、能力强、办实事的干部选拔出来。党任用干部重视梯队建设，大力发现和任用年轻干部，合理设定年轻干部比例，注重老中青梯次配备，注重各级后备干部任用，重视女干部、少数民族干部、党外干部的合理搭配，像抓经济建设一样抓干部队伍建设和年轻干部的培养。

党高度重视严格管理干部。强调党要管党、全面从严治党。一管党员，二管干部，严格管理干部是全面从严治党的内在要求和重大原则，有利于干部的健康成长，有利于党风和社会风气的好转，有利于营造风清气正的工作环境。党管干部形成了一套系统完备、科学规范、有效管用、简便易行的制度体系，包括以纪委监察、司法等多部门参与的立体式干部监督管理体系。党管干部强调要管好干部思想、干部作风和干部的纪律，要严抓“四风”，防止腐败，十八大后的中央八项规定更是彰显了党从严管理干部的决心和态度。

党高度重视青年工作，始终坚持马克思主义青年观。马克思指出：“一个时代的精神，是青年代表的精神；一个时代的性格，是青年代表的性格。”党始终把发挥青年作用作为推动社会发展的有力支撑。在中国革命建设和改革的各个历史时期，我们党都高度重视青年工作，赢得青年的拥护和支持。毛泽东同志赞扬青年是“早晨八九点钟的太阳”；邓小平同志指出：“青年一代的成长，正是我们事业必定要兴旺发达的希望所在”；江泽民同志强调：“青年兴则国家兴，青年强则国家强”；胡锦涛同志强调：“青年是祖国的未来、民族的希望。”

习近平总书记在党的二十大报告中指出：“全党要把青年工作作为战略性工作来抓，用党的科学理论武装青年，用党的初心使命感召青年，做青年朋友的知心人、青年工作的热心人、青年群众的引路人。”

尚为学习：打造人才的加工厂与年轻人的学校

尚为高度重视团队建设，十几年来团队规模增长近一百五十倍，组织的高速成长有效支撑了业绩长期快速增长。团队建设的关键在于干部培养，十几年来尚为打造出了一支近千人的干部队伍，为团队建设和管理打下了坚实的基础。

为了打造一支高素质的干部队伍，建立科学的选人用人机制，对干部选拔、培养、使用、管理、监督等工作不断得到完善。尚为制定了干部任免制度，明确规定干部的选拔原则、基本资格、选拔程序、提拔原则、处罚标准。特别强调品行不端、结果不好、公私不分、不守规矩、不爱学习、思维消极、醉酒好色、心胸狭窄、情商不高、事业心不强、政治觉悟低的员工不能提拔为干部，有些干部不能重用。

公司特别强调干部要在基层沉淀，逐级提拔，不倡导空降干部。有基层锻炼经验的干部更熟悉基层环境，了解基层员工的状况与心理状态，知道基层的问题与诉求，对公司和基层更有感情，工作务实、做事更踏实。有基层经验的干部提拔到较高岗位后，制定政策更接地气，与基层不脱节，更懂得换位思考，也更容易团结基层员工。逐步提拔的干部对岗位更珍惜，每一步的成长都是不断努力付出的结果，对公司的理念和文化能更好接受、认同与传承。外界优秀人才可以给待遇，但不轻易给岗位，聘任为干部也要从基层干部开始做起，高管不允许空降。

成立尚为学院，系统培养干部。过去的干部培养主要是以岗位锻炼、传帮带以及碎片化培训和各类会议为主，随着组织规模的扩大，对干部的理论水平要求越来越高，公司成立尚为管理学院逐步探索系统培训干部，从管理学、心理学、组织行为学到财经知识、法律知识、公司理念与文化、案例研讨、实践模拟、问题分析，不断提高干部思想觉悟，训练积极思维模式，学习管理理论知识，提升领导力和管理能力，强化尚为精神。

尚为对各级管理干部的要求非常严格。要求各级干部深知自己肩负的责任，深切感受到公司的重任与期望，为了公司的使命和目标，为了共同的理想和追求，为了下属的成长和发展，忘我工作。要求干部始终保持思想先进、思维积极、行动疯狂，要始终坚持艰苦奋斗的精神，保持艰苦朴素的工作作风，要高度认同公司理念文化，捍卫公司价值观，带头严格遵守和执行公司各项制度与规范。公司对干部的标准和要求比普通员工更高，管理更严，犯错处罚更重，严格管理、定期考核、长期监督、长远培养，优秀干部大胆任用，加快培养，不合格的干部坚决撤换，加快淘汰。要求干部自我觉察、自我管理、自我学习、自我成长。管理好欲望和情感、管理自私、控制情绪，经得住金钱和女色诱惑、严禁醉酒，打击丢失目标、阳奉阴违、个人主义、不学无术，要求干部带头行动、做好表率、加强学习、长期读书。

要求干部建设好家庭。管理好男女关系，搞好夫妻关系，懂得修身、齐家、治国、平天下的道理。身不修无法管理好家庭，连家庭都管理不好，没有资格也不可能管理好团队，更谈不上有成功的事业和人生，所以干部要做好自我修炼。修身的关键要正心、诚意、格物、致知。为人心术不正、不真诚、不学习知识、不探究事物规律，就不可能修炼好自己，自然也无法管理好家庭和团队。

尚为对干部的监督管理严格。管理是严肃的爱，严格监督是对干部的爱护。公司设立员工举报机制、巡视审计机制、定期考核机制、跨区轮岗等各种机制进行监督管理，一旦发现干部贪污腐败、自甘堕落、违法乱纪、内耗怠惰等行为，坚决处理、决不姑息。对人、财、物的审批权限做了严格限定，通过逐级审批、公司把关，采取收支两条线管理，把权力关进制度的笼子里，防止权力带来的腐败。

关于管理层干部，关键在于管理干部作风。好的干部作风必然有助于打造一支风清气正、担当作为的干部队伍。公司制定《中高层干部自律条例》和《干部基层走访八项规定》，要求干部在道德品质和言行规范上严格自律，成为全体员工在事业上和生活中的榜样。对干部走访基层和日常工作作风做了严格规定，严禁官僚作风、形式主义、铺张浪费、请客送礼、吃喝玩乐、贪污腐败现象和行为的发生，明确规定各种严厉处罚措施。从高层领导干部做起，以身作则言传身教，一级管一级，一级对一级负责。

尚为重视青年职工的培养工作。公司70%是90后员工，每年招聘的新员工大部分是应届毕业生，很多90后都成了公司的年轻干部。

公司愿意为有理想、有责任、有抱负、有能力的年轻人提供平台与机会，愿意为没有经验的年轻人提供岗位和培训，教会他们做人做事，重点从提高年轻人的认识、点亮意识和培养积极思维以及专业做事技能角度出发。培养年轻员工做“三好六爱”青年，要求年轻人热爱国家、热爱党、热爱企业、热爱家庭、热爱事业、热爱生活。要求年轻人必须三观正，帮助员工树立正确的世界观、人生观和价值观，思考如何看待世界和社会以及人生的意义和事物的是非标准。要求年轻人必须有三心，从责任心、上进心和事业心等方面帮助员工建立正确的做人做事态度。要求年轻人必须积极三向：向前、向上、向善。做事永远向前奔跑，向上攀登，做人永远心地善良、与人为善。

帮助年轻员工做好人生规划与职业规划。不断帮助年轻人清晰人生和职业的方向，倡导年轻人走“专注到专业到专家”的专业化道路。要专注做一件事情，长期从事一项事业，才能够获得能力的提升和事业的成功。

帮助年轻员工正确处理各种生活关系。处理好家庭关系，赡养父母，孝敬长辈；处理好家庭与事业之间的关系，统筹兼顾，共兴共荣；处理好夫妻关系，互敬互爱，相互支持；处理好与孩子的关系，平等尊重，提供良好教育和成长条件；处理好兄弟姐妹关系，积极帮助困难兄弟姐妹；处理好恋爱关系，树立正确的恋爱观，正确处理恋爱与工作的关系；处理好同事之间关系，建立平等的同事关系，员工之间发生矛盾要互谅互让；处理好社会关系，严禁与社会上不良人员来往，不参加非法组织，严禁黄赌毒，遵守社会公德，积极承担社会责任；正确处理邻里关系，互相关心、互相帮助、互相理解。

管理者思考：能培养干部的干部才是好干部

团队强则企业强，干部强则团队强，干部管理系统强则干部强，而年轻干部是企业的未来与希望。企业组织是由很多人组成的实体，企业目标也要依靠人去实现，所以人才是企业的第一资源。能不能把人才吸引来，凝聚在一起，团结好、管理好、培养好、使用好、激励好，则需要依靠管理者。管理层干部是团队的骨骼，是一个企业最宝贵的财富。如何打造一支强大的干部队伍是管理者的首要任务，也是打造一个强大团队的前提。

培养干部是管理者的重要职责，也是管理者必须具备的一种重要能力。杰克·韦尔奇说过："在你成为领导以前，成功只和你自己的成长有关；在你成为领导以后，成功都和别人的成长有关。"很多人成为管理者之前，个人工作能力非常强，成为管理干部后，不能快速转换角色，依然单打独斗、个人冲杀，不懂得打造团队的重要性，更不会培养干部，最终无法完成组织下达的任务。所以优秀的管理者深知团队的力量，善于学习培养他人。将下属培养成管理者，从而搭建团队框架，为团队建设奠定良好基础。一个好汉三个帮，没有骨干的团队，人数越多越危险，犹如一个人没有骨骼只有肌肉，产生不了力量，连行动都是一种困难。

管理者要先学会培养人。懂得选人、用人、育人、留人、辞人，才能培养出管理者、打造优秀团队。每个企业都有自己的选人用人标准和原则。管理者要严格遵循组织制定的标准与原则进行选人、用人，避免根据个人的喜好与个人的标准选拔人才和使用人才，现实工作中大部分管理者都很难做到。一个企业培养人同样有自己的体系与流程，管理者一定要按照企业人才培养体系进行系统培养，因材施教。把人提拔到管理岗位后更要进行全面培训，帮助管理者完成角色转换，从“会工作”转变到“会管理”，从“会自己做”转变到“会带领团队做”。管理者一个重要的能力是能够将优秀的人才留住、凝聚在身边，这既要靠公司的待遇和福利，更要靠个人注入情感，让员工看到未来和希望，共同创造一番事业，正所谓“入司看公司，离司看上司”。对不符合公司用人标准和无法胜任岗位的人要坚决清退，不能感情用事；对犯了原则性错误的人，哪怕是人才也要有挥泪斩马谡的铁石心肠。党对干部培养很系统，很全面，也很科学，管理者可以充分借鉴。

管理者要学会打造团队。管理者不仅要会培养人才和干部，更要学会将一群人聚在一起，打造成真正的团队。团队就是为了实现共同目标而在一起工作的群体。管理者在打造优秀团队时要参考二十个维度，因为打造一个团队是十分困难的事情，又是特别重要的事情，没有完美的个人，只有完美的团队，个人的力量是有限的，而团队的力量是无穷的。

首先要慎重选择团队成员，价值观要一致，能力最好互补，性格和性别可以合理搭配。组成团队后首先树立团队目标，并且目标必须得到团队成员共同认可，凡是无法达成目标一致的人是不可能团结在一起的。优秀的团队还要构建梦想，目标往往看得见，而梦想往往看不见，很遥远，装在团队成员内心，心中有梦眼中才有光，因为相信“相信的力量”才有了信仰，才能敢于为梦而进行艰难跋涉的长征。管理者要打造团队铁律，要树立军规，没有组织纪律的团队终究是一盘散沙。管理者要重视团队作风建设，弘扬正能量，打击歪风邪气。管理者要成为激励大师，能够激发每个成员的斗志，鼓舞团队的士气，能够不断帮助成员树立信心，激发团队的勇气，能够管理和调动团队氛围，在团队低落的时候让团队看到希望，在团队狂热的时候，不断降温保持理性，营造一种积极向上、干事创业的良好氛围。能够不断帮助团队注入各种精神力量，塑造团队精神，不断树立团队标准与标杆，将团队榜样塑造成团队英雄。管理者要学会锻造团队强大的执行力，与团队成员建立良好感情，将情感打造成成员之间的纽带，打造有温度的团队。学会培养团队的沟通意识，通过沟通建立信任，通过沟通减少内部冲突与矛盾，及时化解各种团队危机。管理者要在团队中培养学习观念，营造学习氛围，打造学习型团队。懂得培养创新意识，鼓励团队敢于改变、敢于犯错，培养团队创新精神和意识。要根据团队建设的需求策划各类团建活动，在内部要打造各种重要事项的仪式感和神圣感。管理者能够将这些方面都考虑到，用心做好，就是打造团队文化的过程，就能打造一个优秀团队。能够依靠优秀团队来培养人才和干部的管理者，才是真正高明有智慧的管理者。

管理者要善于培养年轻人。管理者要善于注入新鲜血液，敢于将精力投入年轻人的培养中去。年轻人是团队的未来，能够为团队注入青春的活力防止团队衰老，也能形成团队的梯队。年轻人所处阶段面临的问题往往是认知不高、信心不足、技能不会、经验缺乏，所以管理者要根据年轻人的特点和问题来培养新人，重点从统一思想、提高认知与强化技能训练、大胆到工作中去锻炼两大方面开展。管理者要善于做思想教育与沟通，通过理论学习、问题研讨、案例分析、优秀者现身说法、英雄和榜样教育、言传身教等各种方式方法。点亮年轻人的意识，提高年轻人的认识，树立正确的世界观、人生观、价值观，培养员工的责任心、上进心和事业心，用理念和文化来影响人、改变人的思想、统一人的思想。技能训练要有军人作风、铁石心肠、绝不手软。“人一能之，己百之；人十能之，己千之。果能此道矣，虽愚必明，虽柔必强。”管理者明白这个道理，就敢于严格训练、严厉管教，将年轻人放到艰苦的岗位做困难的事情，超强负荷的训练才能换取年轻人快速提升技能。不经历风雨与磨难怎么可能见到彩虹与辉煌？只有这样才能磨炼年轻人的意志和积累经验。当一个年轻人思想境界高了，认知层次高了，工作技能熟练了，工作经历和经验丰富了，意志品质坚强了，就是人才，能大有作为。

员工启发：不想当将军的士兵不是好士兵

宰相必起于州部，猛将必发于卒伍，不想当将军的士兵不是好士兵。年轻人进入社会、加入一个组织后，一定要清晰地看到干部对一个组织的重要性，也要从干部的成长轨迹中看到，绝大部分干部是从基层一线中逐步成长和提拔起来的。所以年轻人一开始就要做好人生规划和职业规划，树立职业目标，明确发展定位，从而一开始对自己就高标准严要求，为个人长远发展奠定坚实基础。

年轻人和年轻干部要敢于设定人生目标。向着既定的目标努力前行，无论遇到多大困难和挫折，犯过多少错误或走过多少弯路，经受多少诱惑或委屈，不纠结于过往，也不困惑于眼前，始终着眼于长远面向未来，不留退路不当逃兵，无怨无悔勇往直前。年轻是本钱，不努力不奋斗就不值钱，不断向前就会值钱。不仅要向前还要向上，不满足过去和现在的成绩与地位，不能小富即安，不能停止进步，敢于不畏艰难、勇于向上攀登，朝着更好的方向、更高的追求和更难的高峰前进。始终保持一颗善良的心，善良是世界上最需要、最高尚的道德品质，是灵魂深处最美的音符。只有善良才能战胜人性的自私与贪婪，让人远离罪恶；只有善良才会让人关爱弱者助人为乐；只有善良才会让人有责任与担当；只有善良才会让人真诚地为他人服务，甘于付出。所以年轻人只有保持向前、向上、向善，才会拥有不断成长与发展的无穷动力，才能成为管理者甚至领导者，才能获得真正的成功。

干部强于员工的不是能力，而是思想意识、思维方式和认知高度。认识不高、思维消极、思想错误的人，哪怕能力再强也不能成为管理者，这样的管理者一定要淘汰。所以年轻人想要成为管理者，要不断加强自身思想建设，提升道德品质和个人素质，培养积极向上的思维方式，不断提高自我认识，让自己变得有思想、有素质、有道德、有胸怀、有格局、有追求、有激情、有正能量。

干部强于员工的不是能力，而是坚强的意志、坚定的信念和服务的意识。所以年轻人要敢于到艰苦的环境中去锻造自己的意志，敢于接受困难挑战，敢于承受重压，从而锻造出钢铁般的意志。年轻人要到英雄连队去战斗，不畏艰苦、敢于斗争、勇于胜利，在不断斗争中成长，打大仗、打硬仗、打胜仗，在成功和胜利中积累信心、坚定信念。年轻人要有利他的思想，要有服务的意识，处于低位时积极服务他人、靠拢团队，成为管理者后仍然真诚地为团队和他人服务。管理的本质是服务，是团结他人。

年轻人要不断提高自己的学习能力。不断自我觉察、自我学习、自我成长。一个企业的瓶颈取决于企业家的认知瓶颈。同样，管理者停止进步，阻碍的是团队的发展与下属的成长。年轻人要不断进行自我对话，不断重新认识自我，发现自身问题，找到自我瓶颈，通过疯狂学习和行动去改变与提高自己的认知与能力，实现自我成长与革新。所以学习是年轻人重要的责任，年轻时就放弃学习和读书，对个人成长是一种不负责任的行为，年轻人要从一开始就养成终身学习的习惯。

年轻人要有正确的角色认知。管理者和每个年轻人都要知道自己是谁，有哪些责任，在组织中承担哪些角色。管理者在组织中的角色很多，从人际关系、信息转换、决策三个角度就有十几种具体角色。所以年轻人要想成长为管理者，就要在面对不同环境和不同对象、处理不同事情时，清楚自己的角色和责任。优秀的人通常对自己要求很高，把自己的角色定位为企业战略的执行者、企业文化的传承者、企业变革的推动者、企业发展的建议者、沟通平台的搭建者、管理效率的提升者、团队力量的凝聚者、优秀业绩的践行者、工作技能的辅导者。管理好自己是成为管理者的前提，管理者对企业和团队起到至关重要的作用。父母和老师对孩子的影响是深远的，管理者在团队中的角色，既像员工的父母，又像员工的老师，言传身教是最好的教育也是最好的管理。所以管理的本质是做好自我管理，对自己的身体、心理、行为、目标、思想等各方面的表现进行管理，自己管理自己、自己约束自己、自己激励自己，实现自我成长、自我完善、自我奋斗，然后再一级管一级、一级教一级、一级影响一级。管理好自己对金钱、美色、权力、荣誉等的欲望，正常需求得到合理满足，欲望严格控制。对自己的情绪、压力、心态、习惯、行为、形象、学习、时间、目标、作风、习惯、个性、自我意识、价值观、家庭、健康、安全等方面都要有意识去管理、控制和调节，才能真正不断自我完善，为管理下属和团队打下坚实的基础，做出最好的表率。

以上就是尚为的管理者和员工从党的干部培养和青工教育中得到的深刻教育和认识。尚为长期重视干部培养和干部管理，强调干部做好自我管理，重视对年轻干部员工的吸收和培养，为企业注入大量新鲜血液，让团队充满活力。这也是尚为的组织能够持续壮大、充满激情与活力的原因。

第九章 核心价值观与不忘初心

使命、愿景、价值观是组织理念的核心部分，也是组织文化的核心。使命解决组织存在的意义与责任，愿景解决组织长远目标，价值观解决组织的价值标准。我们在前面已经介绍了组织使命与愿景，在这里我们重点介绍组织的核心价值观。

企业核心价值观是企业评判事物是非对错、美丑好坏的标准，也是企业的基本信念和团队所接受的共同观念。企业核心价值观是企业文化的核心、是企业精神的灵魂、是团队成员的精神纽带、是企业发展的内在动力。企业价值观建设的成败，决定着企业的生死存亡。企业价值观不是企业诞生后形成的，而是在企业经营管理实践过程中逐步塑造的。企业使命、愿景、价值观的构建不是一朝一夕的事，要得到全体员工认同更是不易。随着企业的不断发展与壮大，很多企业家与管理者常常自我膨胀，忘记创业之初的本心，把企业使命、愿景、价值观丢失了，从而走向失败。

中国共产党提出的社会主义核心价值观是对社会文明进步和人类文明发展的重要贡献，是每个中国人应该遵循的基本准则和道德规范。在全党范围内开展的“不忘初心、牢记使命”主题教育，对企业家和管理者打造企业核心价值观有重要借鉴作用，同时也能很好地教育企业干部员工不能忘记企业的使命、愿景、价值观。

党的核心价值观与不忘初心

习近平总书记说过：“核心价值观是文化软实力的灵魂，文化软实力建设的重点。这是决定文化性质和方向的最深层次要素。”一个国家的文化软实力，从根本上说，取决于其核心价值观的生命力、凝聚力、感召力，培育和弘扬核心价值观，有效整合社会意识，是社会系统得以正常运转，社会秩序得以有效维护的重要保障，也是国家治理体系和治理能力的重要方面。历史和现实都表明，构建具有强大感召力的核心价值观，关系社会的和谐稳定，关系国家的长治久安。

社会主义核心价值观是社会主义核心价值体系的高度凝练和集中表达，是当代中国精神的集中体现，凝结着全体人民共同的价值追求。社会主义核心价值观包括三个层面。国家层面的价值目标是富强、民主、文明、和谐，这是我国社会主义现代化国家的建设目标，也是从价值目标层面对社会主义核心价值观基本理念的凝练，在社会主义核心价值观中居于最高层次，对其他层次的价值观理念具有统领作用。社会层面的价值取向是自由、平等、公正、法治，是对美好社会的生动表达，也是从社会层面对社会主义核心价值观基本理念的凝练，它反映了中国特色社会主义的基本属性，是我们党矢志不渝、长期实践的核心价值理念。个人层面的价值准则是爱国、敬业、诚信、友善，是公民的基本道德规范，是从个人行为层面对社会主义核心价值观基本理念的凝练，它覆盖社会道德生活的各个领域，是公民必须恪守的基本道德准则，也是评价公民道德行为选择的基本价值标准。

核心价值观对国家和社会有特别重大的意义，关系社会和谐稳定，关系国家长治久安。从适应国内国际形势看，社会上充斥着各种价值观念和社会思潮，思想意识多元多样多变，迫切需要我们积极培育和践行社会主义核心价值观，扩大主流价值观念的影响力，提高国家文化软实力。从推进国家治理体系和治理能力现代化要求看，培育和弘扬核心价值观，有效整合社会意识，是国家治理体系和治理能力的重要方面。从提升民族和人民的精神境界看，核心价值观是精神支柱，是行动向导，对丰富人们的精神世界、建设民族精神家园具有基础性、决定性作用。从实现民族复兴中国梦的宏伟目标看，核心价值观是一个国家的重要稳定器，构建具有强大凝聚力、感召力的核心价值观，关系社会和谐稳定，关系国家长治久安。

中国共产党一经成立，就把实现共产主义作为党的最高理想和最终目标，提出全心全意为人民服务，初心和使命是为中国人民谋幸福，为中华民族谋复兴，团结带领人民进行艰苦卓绝的斗争，始终保持优良的作风，实事求是、艰苦奋斗，取得了革命、建设、改革各个时期的胜利。

中国共产党清醒地意识到，想要从胜利走向更大的胜利，关键是全体党员和干部不忘记党的初心使命，不丢掉党的优良传统和伟大建党精神，以及在长期奋斗中构建起来的中国共产党人的精神谱系，不忘记党的革命宗旨和革命理想，更不能忘了革命前辈和革命先烈。

所以中国共产党在全党范围内广泛开展“不忘初心、牢记使命”主题教育。铭记“为中国人民谋幸福、为中华民族谋复兴”的初心和使命。党的十九大报告指出，“只有不忘初心、牢记使命，永远奋斗，才能让中国共产党永远年轻”。要让中国共产党永远年轻有活力，就要保持党的先进性、纯洁性、战斗性，不忘初心、牢记使命，是党始终铭记历史的重要力量，是党不断开创未来的重要基础。“守初心，担使命，找差距，抓落实”贯穿在主题教育全过程。

“不忘初心、牢记使命”主题教育使广大党员干部理论学习有收获，思想政治受洗礼，干事创业敢担当，为民服务解难题，清正廉洁作表率，是一次新时代的党的自我革命，促进了党思想上的统一，政治上的团结，行动上的一致。

尚为学习：升级核心价值观和重走长征路

思想有多远，就能走多远。尚为在成立之初就深知核心经营理念对企业做强做大有深远作用，也非常清晰地认识到价值观又是企业经营理念的核心部分。十年的企业靠管理，百年的企业靠文化，而价值观是企业文化的核心，统一的价值观使企业内成员在判断自己行为时具有统一的标准，并以此来决定自己的行为。

尚为十几年来高度重视核心价值观的建设，在创业筹备期，所有创业成员共同进行研讨，用了一周时间才确定了公司的价值观：感恩、责任、诚信、合作，后来在创业早期又把“谦虚”“高效”完善到公司价值观中。提倡感恩是为了让员工知因，能够正确归因，恩是心中有因，正确归因才会有恩；提倡责任是希望员工知道有哪些事情是自己分内的，而且必须做好，懂得责任边界在哪里，哪些该做，哪些不该做，又懂得如何通过主动承担扩大责任边界，增强内驱力；提倡诚信是希望员工不撒谎、不欺骗、实事求是、言必信、行必果，从而建立长期互信的人际关系和合作关系；提倡合作是希望员工明白合作的重要性，不能单打独斗，人与人的关系本质是合作，只有通过合作才能实现长远目标；提倡谦虚是告诫员工不能自我膨胀，永远将自己放在较低位置才能学习进步；提倡高效是希望团队规模增大后能够减少内耗，节约资源和时间，强化执行力，用最小投入创造最大价值。

十八大后党提出了二十四字社会主义核心价值观，尚为要求全体员工要背诵并理解其中含义，同时将尚为的核心价值观也升级为二十四字，分别是：感恩、责任、诚信、合作、激情、好学、创新、敏捷、忠诚、敬畏、法治、清廉。

好学包含谦虚的含义，同时更强调要加强自我学习、终身学习，唯一能持久的竞争优势是胜过竞争对手的学习能力；敏捷包含高效的含义，同时更强调要善于面对变化，快速反应、快速执行、快速完成；激情是一种强烈情感，能激发自身的潜力，迸发出强大的感染力，从而激发和点燃他人和团队，打工心态和工作心态很难令人产生激情，哪怕有也只是短暂的激动，只有创业心态和事业心态才能产生强大且持久的奋斗激情；创新是一种精神、是一种态度、更是一种重要的工作手段，环境和条件在不断变化，所以要根据变化而改变、改善、改革甚至革命，这个过程就是不断创新的过程；忠诚是一种品格与态度，“忠”是忠于职守、勇于担当、尽职尽责，“诚”是诚信、诚实、坦诚、坦坦荡荡、光明磊落，忠诚于国家、党、人民、组织、家庭、使命、目标、事业、信仰、良知，是一种伟大的精神力量，是内心坚定的选择；敬畏是人对待事物的一种态度，敬是恭敬、尊敬、敬仰，畏是谨慎、害怕、畏惧，人要敬畏自然、规律、法律、人性、规则、道德、价值、组织、他人，常怀敬畏之心，心有所向行有所止；法治是指依法治理，减少人为干扰，管理层干部要不断完善规章和制度，员工要敬畏和遵守法律、法规和制度，并运用法律和制度进行规范治理；清廉是清白廉洁、公私分明、先公后私、绝不损公肥私、不以权谋私、不违法犯罪、不接受贿赂、不侵占组织或他人财物、不利用权力和组织资源谋取私利。

尚为核心价值观的形成首先是所有创业团队和中高层干部的共同认同和带头遵守，用行动去带动全体干部员工认同，这些核心价值观都融合到公司的制度文件中成为制度的一部分，从而引导和监督着员工言行。所有员工加入公司后的岗前培训都有专门的关于公司价值观的培训与研讨，并且将价值观的培训贯穿在各级干部员工的培训中，将体现价值观的行为纳入绩效考核中。公司的中高层管理者是价值观的捍卫者，日常工作中严重违反公司核心价值观的行为都会受到严肃批评甚至严厉书面处罚，处罚以通知文件的形式下发全体员工并组织研讨与学习。正因为十几年如一日地坚持与努力，核心价值观在大部分干部员工中得到认同并遵守，有些不认同价值观的干部员工要么自己离开团队，要么被劝退。

尚为的使命与初心：为伙伴提供合作平台，打造一个以奋斗者为核心的国际化集团。这个初心使命得到了所有创业者的高度认同，迸发出强大的精神动力，大家在最困难的创业环境下，坚定信念、高度团结、不怕困难，特别能吃苦，特别能战斗，加班加点，艰苦奋斗，改变了工业照明行业的格局。每个人在这个过程中得到了极大的成长，职务提高了、收入增加了、有车有房了，有部分干部员工开始自我膨胀和小富即安，开始懈怠了，吃不了苦，受不了罪，讲困难、讲客观、讲待遇，团队中弥漫着消极的思想。在 2017 年 4 月 8 日，公司决定开展主题教育学习，将一千名干部员工召回惠州基地，举行了声势浩大的“不忘初心，二八启航，重走长征路”千人誓师大会，让广大干部员工心灵深处受到了极大的震动，大家重新找回了创业之初的初心与使命，看清未来的发展方向，认识到肩负的使命与责任，坚定了理想信念，激发了干事创业的热情，重新找回了艰苦奋斗的精神。这些年几乎每年公司都要举行类似活动，尤其是经常把干部会议放到红色革命根据地召开，让大家忆苦思甜，还专门拍摄了一部微电影《不忘初心》，为初心使命和精神传承起到了重要作用。

管理者思考：价值观是团队的灵魂与信仰

价值观是一种信仰，决定团队集体行为、管理者行为，也影响团队每个成员的行为。一个没有价值观的团队是没有灵魂的团队，无论是管理团队还是建立新组织，管理者的首要任务是建立团队价值观，为团队注入灵魂、铸造信仰。

价值观具有高尚与庸俗之分。企业要弘扬积极高尚的价值观，管理者要拒绝平庸甚至庸俗的价值观，不能认为只要不违法就行。价值观要讲究合乎道德与伦理，不断提升道德标准，不断强化管理伦理，做到德法兼顾，才能打造崇高的价值观，价值观要兼顾利益相关者的利益。

企业价值观受企业家、创始人和核心管理团队的价值观影响。团队核心成员要加强自身价值观建设，不断提高个人道德修养，形成高尚的道德价值观，能够正确看待个人利益和集体利益、物质价值与精神价值，不断建立正确的诚信观念、效益观念、责任观念、公正观念、创新观念。

如何才能打造好的企业价值观是很多管理者想要解决的问题。管理者要学会提炼价值观。有的企业家和管理者将个人看书学习得到的或个人过去认知到的价值观念草率地作为团队价值观，而且经常更换；有的企业家和管理者到别的企业学习，看到好的价值观就搬到自己团队。价值观首先要积极向上，比较高尚，其次一定要与企业使命、愿景、世界观和自己的人生观结合，才能做到既高尚又符合企业战略，才能真正成为企业经营理念的核心和企业文化的核心。要符合主流价值观，社会主义核心价值观是全社会的主流价值观，可以将企业价值观融入主流价值观中。价值观一定要经过团队尤其是核心团队共同研讨、反复打磨、达成共识，才能成为团队的核心价值观。

不断培育价值观。价值观提出后，不能被广大干部员工认同并自觉遵守，就失去了存在的意义，所以如何将企业提倡的价值观变成员工的共同信念是最难也是最重要的事情。企业家和主要管理者自己要深刻认同并理解企业价值观，将其融入个人的言行中，长期坚定用行动传递、感染身边的干部员工，同时要不断地加强宣传与培养，无论是在各种培训、会议中还是在日常工作指导与个别谈话中，都要有意识去宣传，才能让团队长期耳濡目染，慢慢理解与认同。

将企业价值观融入制度体系中。通过制度管理与执行，使企业价值观通过制度条款对员工行为产生引导与约束，具有强制作用，在行动中转变成习惯，不断提高认知与认同，要对践行价值观的行为进行长期挖掘，树立英雄人物和先进代表，整理英雄事迹和故事加以奖励，广为传唱，从而影响和带动团队对企业价值观的认同。对严重违反价值观的行为，要根据制度进行处罚，并形成通知文件下发给全公司学习，从而让全体员工受到教育，提高认识。

从新员工招聘和管理层干部选拔的源头抓起，根据价值观进行员工选拔，评估应聘者的个人价值观与公司价值观是否匹配，并将评估结果作为录用的重要条件和依据。价值观能否真正落地关键取决于干部是否认同与维护。干部选拔和晋升时，将是否认同并带头遵守公司价值观作为重要依据，一票否决。把价值观融合到绩效评估与考核中，将价值观内化到员工考核中，用制度来保证价值观的传承。通过考核能够强化价值观，也能将不认同价值观的干部员工识别出来，从而真正保障价值观融入公司文化，成为企业文化的核心。

使命、愿景、价值观的打造过程是艰辛的，也是长期的，而长久维持与传承是更为困难的。往往第一代创业者坚信公司使命初心，随着组织规模扩大，公司的经营理念、企业精神、团队作风会慢慢稀释；同时由于干部员工在企业中的职务与地位不断提升，能力不断增强，慢慢自我膨胀，产生懈怠思想，公司的使命初心与优良作风也会在这些老资格身上逐步衰竭。同时由于企业实力不断增强，管理者更重视和依赖物质资源而忽略企业精神资源的重要性。

民之从事，常于几成而败之，慎终如始，则无败事。所以企业要想团队长期保持创业初心与精神作风，就要不断在团队中开展“不忘初心、牢记使命”主题教育，让干部员工了解企业发展历程，尤其是清楚创业早期最艰辛的历史和创业故事。要将企业创业时的使命、愿景、价值观牢牢记住，通过忆苦思甜，深刻感受到企业今天的局面来之不易，要倍加珍惜，也要深刻认识到创业精神和优良作风的重要性，坚定传承下去，正所谓“生于忧患，死于安乐”“为之于未有，治之于未乱”，只有不断回顾历史，牢记历史，才能心存感激，警钟长鸣，才能真正做到初心不改，作风不变。

员工启发：人生在于选择，价值观决定选择

思想是灵魂，价值观是灵魂核心。一个国家、一个社会、一个民族、一个企业，如果没有了正确的价值观的引导，没有了核心的价值观，就等于没有了灵魂。没有了灵魂的民族是可怕的民族，也是可悲的民族。同样，一个人没有了正确价值观的指引，就会出现思想上的混乱，思维上的消极，造成判断是非的标准发生混乱，从而在行为上无所适从、好坏不分、是非不明、美丑颠倒、善恶不辨、

不追求未来和长远，不讲情感与精神，没有羞耻之心，道德败坏，价值观的扭曲导致人的灵魂扭曲。

所以价值观决定行为的选择，而人生在于选择。小时候选择学校，大学选择专业，毕业选择工作，选择生活的城市与社区。人生无处不选择，小到选择衣食住行的各种所需物品，大到选择爱情、婚姻、工作、事业、理想和目标，人生就是由无数个大大小小的选择组成，等到人生度过几十年后回头来看，有一些若隐若现的点组成了一条生命线，决定着生命的走向，而这些若隐若现的点就是人生的拐点。每一个拐点都可能是当时做的一个重要人生选择，这些选择是由每个人的主观价值抉择决定的，这就是人的价值观，所以选择决定命运，而价值观主导人的主观选择。

所以正确的价值观对个人、企业、社会、国家都尤为重要。什么是正确的价值观？正确的价值观是指一个人对道德、行为、信仰等方面所持有的正确看法和准则。一个正确的价值观强调尊重个人价值，强调社会责任，注重诚信和正义，强调团结与合作，追求个人成长和发展。总之，正确的价值观是一个人或一个社会发展和进步的基础，它能够指导人们做出正确的选择和行为，促进社会和谐与发展。社会主义核心价值观就是正确的价值观，每一个人只有认真学习，理解领悟，认同接受，转化执行，在这个基础上，才能逐步建立个人正确的价值观。

世界观、人生观与价值观相互影响。世界观是人生观和价值观的基础，世界观决定着人生观和价值观。一个人如何看待世界，将决定他的人生态度和对人生意义的看法，一个人对世界的看法和人生的看法也决定人对事物的看法。所以世界观、人生观与价值观是统一的。世界观起决定作用，人生观与价值观也相互作用。正确的价值观有利于人们客观分析人自身的价值，树立正确的人生观。

人的价值观是逐步形成的。首先是家庭环境。价值观的雏形源于家庭，特别是父母对子女价值观的形成有着重要的影响。父母的言行、制定的家规、对事物的态度、对是非善恶的标准、与人相处待人接物的方式都将影响孩子的认知与态度。其次是学校教育。学校的校风、道德教育、老师的表率、同学的影响等都可能对个人价值观的形成产生作用。朋友圈、工作的单位、社会的风气对个人的价值观也会产生重要影响。所谓近朱者赤，近墨者黑。经常相处的朋友或同事对人的影响超过父母，所以交友和选择工作单位都要慎重，要跟积极、有正能量的人在一起，远离消极、有负能量的人，要选择积极向上的工作团队，远离功利庸俗的团队。随着人的知识不断丰富，认知不断深刻，生活经验的积累，人的价值观会逐步发生改变，最后走向成熟。而人的价值观一旦形成，便是相对稳定的，具有持久性。

所以每个人要高度重视价值观的建设。首先，要重视自身价值观的建设，要深入学习二十四字社会主义核心价值观，要积极看待世界和人生，要跟具有正能量的人在一起，要不断加强学习提高认知，要不断进行自我觉察，正确认识自己，不断完善个人价值抉择。其次，作为父母、老师、管理者，要深深认识到自身的责任，加强对孩子、学生和员工的价值观教育。要注重自身的道德修养，一言一行将影响孩子和员工，言传身教，做好表率，帮助孩子、学生和员工形成正确的价值观是人真正的善良和最大的成就，影响孩子、学生和员工形成错误的价值观是真正的犯罪与最大的罪恶，因为那将毁掉人的一生。

做人不能忘本，不能丢掉初心。人在年轻或刚踏入社会时，往往一无所有，只有一颗热情善良的心，有对成功的无限渴望，希望得到他人的帮助。随着年龄的增长、阅历的增加、能力的增强、财富的累积和地位的提高，人常常会忘记自己最早的样子，用自己拥有的知识、经验、财富、地位、权力、名誉来衡量人与人的关系，人与组织的关系，往往把成功归结于自己的努力与才华，失去了感恩之心，也没有了当初的单纯与真诚，甚至变得冷漠自私，这就是人们常说的变心了、忘本了。所以人要常常回头看看曾经走过的路、吃过的苦、受过的穷、得到的帮助与支持，想起曾经的梦，才能继续保持做人的本色、做事的干劲，走向更远的未来。

做人不能小富即安、停滞不前。大部分人在年轻的时候没有财富、没有地位、没有能力，拥有的是青春的活力、吃苦耐劳的精神、充满激情的斗志、对成功的渴望和未来的梦想。随着能力的提高和经验的积累都或多或少能够取得一点成绩，获得小的成功，慢慢稳定下来，随着对现有环境的熟悉与适应，工作与生活的压力也随之减少，大部分习惯过着安稳的小日子，而不愿意去追求更大的目标、承受更大的压力、到新的环境接受更大的挑战，也不愿意继续艰苦奋斗，丢失了当年的梦想与初心，丢掉了当年的激情与斗志，停止了学习与奋斗的脚步，从而失去了更大成功的机会。人与人最大的差别是在获得一定成功后有人选择安逸，有人选择继续奋斗，选择后者的人都是不忘初心、牢记使命的人。

做人不能自我膨胀。大部分人在年轻的时候谦虚、好学、做人善良、待人真诚，取得成功后大部分人会开始骄傲，从自卑到自信最后到自负，内心不断膨胀，自我感觉良好，放松自我管理，甚至放纵、放肆，心里没有敬畏，对人傲慢无礼，不可一世，最终栽了大跟头，走向失败，这都是忘掉初心丢掉本色造成的。所以人要有敬畏之心，常怀感恩之心，不能忘本，不丢初心，终身学习，长期奋斗，慎终如始。

这就是尚为和尚为人从社会主义核心价值观与党的不忘初心中得到的感悟与认知，并将其坚定不移地转化到公司的经营管理中去，打造尚为的核心价值观，让尚为人牢记初心使命，长期艰苦奋斗。

第十章　四个自信与四个意识

一个组织要想真正获得生存与发展，必须在不断实践过程中找到适合组织的发展道路与模式，从大量实践活动中获得认知和经验，再将这些认知和经验不断归纳总结，经过反复提炼、萃取和升华，形成组织长远生存与发展的理论，用理论去指导未来的实践，在长期经营管理中形成组织的制度体系和组织文化。

一个组织要懂政治，更要讲政治。人们通常把一个政党或政府治理国家和社会称为政治。广义来说，一个组织或企业对组织的统治和治理行为也是政治，所以有人的地方就有政治，就要讲政治。企业管理者尤其是高管要有鲜明的政治方向、政治立场、政治觉悟，要从企业的全局角度来进行价值抉择。一个企业只能有一个灵魂人物，拥有一个核心，全体管理者和员工要向公司大方向看齐，保持一致，这样企业的经营管理活动才能保持稳定、健康有序运行。

“四个自信”和“四个意识”是在马克思主义理论指导下，中国共产党团结各族人民开创中国特色社会主义事业的自信和自觉，成为衡量共产党员是否合格的标准，也是推动中国特色社会主义事业不断发展的精神支撑，值得企业家和管理者借鉴并寻找企业自己的“四个自信”，树立企业的“四个意识”。

党的四个自信与四个意识

2016 年 7 月 1 日，习近平总书记在庆祝中国共产党成立 95 周年大会上的讲话明确提出：中国共产党人要“坚持不忘初心，继续前进”，就要坚定“四个自信”，即“中国特色社会主义道路自信、理论自信、制度自信、文化自信”。

道路自信：对中国特色社会主义道路发展方向和未来命运的自信。坚持道路自信就是要坚定走中国特色社会主义道路，这是实现社会主义现代化的必由之路，是为近代历史反复证明的客观真理，是党领导人民从胜利走向胜利的根本保证，也是中华民族走向繁荣富强，中国人民幸福生活的根本保证。

理论自信：对中国特色社会主义理论体系的科学性、真理性、正确性的自信。坚持理论自信就是坚定对共产党执政规律、社会主义建设规律、人类社会发展规律认识的自信，就是要坚定实现中华民族伟大复兴，创造人民美好生活的自信。

制度自信：对中国特色社会主义制度具有制度优势的自信。坚持制度自信就是相信社会主义制度具有巨大优越性，相信社会主义制度能够推动发展、维护稳定，能够保障人民群众的自由平等权利和人身财产权利。

文化自信：对中国特色社会主义文化先进性的自信。坚定文化自信就是要激发党和人民对中华优秀传统文化的历史自豪感，在全社会形成对社会主义核心价值观的普遍共识和价值认同。

“四个意识”，即“政治意识、大局意识、核心意识、看齐意识”。

政治意识：要求从政治上看待、分析和处理问题。我们党作为马克思主义政党，讲政治是突出的特点和优势。政治意识表现为坚定政治信仰，坚持正确的政治方向，坚持政治原则，站稳政治立场，保持政治清醒和政治定力，增强政治敏锐性和政治鉴别力，严肃党内政治生活，严守政治纪律和政治规矩。

大局意识：要求自觉从大局看问题，把工作放到大局中去思考、定位、摆布，做到正确认识大局，自觉服从大局，坚决维护大局。

核心意识：要求在思想上认同核心，在政治上围绕核心，在组织上服从核心，在行动上维护核心。

看齐意识：要求向党中央看齐，向党的理论和路线方针看齐，向党中央决策部署看齐，做到党中央提倡的坚决响应，党中央决定的坚决执行，党中央禁止的坚决不做。

“四个自信”是一个有机整体，道路是实现途径，理论是行动指南，制度是根本保障，文化是精神力量。方向决定道路，道路决定命运，只有坚持道路自信，才能确保中国特色社会主义实现路径的科学。科学的理论来源于伟大的实践，同时又反过来指导实践，只有坚持理论自信，才能确保中国特色社会主义指导思想的正确。小平同志曾说：“制度问题更带有根本性、全局性、稳定性和长期性。”所以只有坚持制度自信，才能确保中国特色社会主义制度体系的完善；文化是民族的血脉，是人民的精神家园，只有坚定文化自信，才能确保中国特色社会主义精神文明的进步。

“四个意识”是一个统一整体，确保党的方向和立场坚定正确，确保局部和整体协调一致，确保团结和集中统一，确保队伍整齐有力。政治意识是前提，大局意识是关键，核心意识是根本，看齐意识是标尺。在“四个意识”中，政治意识是管总的，大局意识、核心意识、看齐意识都具有政治意识的含义，都是讲政治的具体表现。

“四个意识”与“四个自信”有互补性、协同性、统一性。“四个意识”强调的是党的建设的方向性、原则性问题，旨在净化党内思想，加强党员党性修养，弘扬党的优良作风，把党的思想政治建设摆在首位，打造一支政治素质过硬的党员干部队伍，营造风清气正的政治生态，使广大党员干部同党中央保持高度一致，确保政治立场不移，政治方向不偏。“四个自信”最终落脚于捍卫马克思主义的指导思想地位，夯实社会主义、共产主义理想信念，建设强大的社会主义意识形态，以之凝聚全社会精神力量，使广大党员干部既胸怀共产主义崇高理想，又能脚踏实地、矢志不移推进中国特色社会主义事业，从而奠定实现中华民族伟大复兴的思想基石。

“四个自信”和“四个意识”是马克思主义中国化的最新成果，是习近平新时代中国特色社会主义思想的重要组成部分，既丰富了中国特色社会主义理论内涵，也为实现中华民族伟大复兴提供了方向指引以及精神支撑。只有坚定“四个自信”才能抓住机遇，迎接挑战，实现中华民族伟大复兴。只有践行“四个意识”才能保持根本的政治方向、政治立场、政治要求和政治定力，凝聚力量，实现党和国家的长治久安。

尚为学习：打造企业的四个自信和四个意识

尚为在十几年的创业过程中，不断探索自己的经营模式、管理模式和营销模式，逐步明确了尚为的发展方向与道路，提炼了自己的发展理论，建立了自己的根本制度，形成了尚为文化，找到了自己的“四个自信”。

尚为的“四个自信”：工业照明+发展的道路自信，跟党学创业的理论自信，共同创业的制度自信，爱文化的文化自信。

尚为的道路自信：尚为进入工业照明行业，决定走产、供、销一体化的经营模式，三级管理的管理模式，直销的营销模式，用十年时间改变了工业照明格局，提出了大营销、大研发、大制造的“三大战略”，探索出一条“工业照明+发展”的创业道路，清晰了企业的发展方向，坚定了企业的创业模式，是尚为成为千亿级国际化集团的根本保证。

尚为的理论自信：创业是无比艰辛的，九死一生，现在更是九十九死一生，所以难度很大。但尚为孵化的十家企业成活率超过70%，因为我们建立起一套独特的跟党学创业的理论，通过学习和研讨党史和党建工作，找到了企业组织生存与发展的规律，形成了独特的跟党一起创业的理论，并对这套理论特别自信。

尚为的制度自信：尚为的使命是为伙伴提供平台，通过十几年的实践，放弃了上市，建立起内部共同创业、共同富裕的根本制度，明确了员工与企业平台之间是合作关系，把员工分为奋斗者、一般奋斗者、普通劳动者，极大地激发了干部员工干事创业的热情，为企业的长远生存与发展提供了强大的动力。

尚为的文化自信：十年企业靠管理，百年企业靠文化，奋斗不止的企业靠的是生生不息的文化。尚为的管理本质是严肃的爱，爱是为他人的成长与发展所倾注的情感或行为，领导干部最大的权力是维护员工的发展权。在爱的付出过程中，有政治高度、有情感温度、有标准尺度，凝结出一个又一个感人事迹，锻造了一个又一个尚为英雄人物，通过爱的传承和贯穿始末，形成尚为独特的爱文化，为企业发展注入强大动能。

尚为在发展初期，由于组织规模比较小，组织架构简单，管理半径小，管理难度也不大，主要靠激发大家自动自发工作。随着管理层级增多，组织架构复杂，组织规模增大，营销网络全国化，管理干部逐渐自我膨胀，尤其是全国三百座地级城市都有驻外办事处，省外负责人逐渐形成“将在外，军令有所不受”的不良风气，成为“土霸王”，整个组织的管理难度迅速加大。

2016年，党在十八届六中全会提出“四个意识”，公司高层管理团队认真学习，深刻领悟，认识到“四个意识”不仅对党很重要，对任何组织和企业都很重要，对企业打造一支政治素质过硬、作风良好、执行力强的管理干部团队作用非常大。

尚为在全国中高层管理干部中开展党的“四个意识”学习，通过反复学习和研讨，让管理干部团队认识到“四个意识”的重大意义，把党的“四个意识”推行到尚为的干部管理中去。让全体干部树立政治意识，懂政治、讲政治，懂得政治方向、政治原则、政治立场、政治纪律和政治规矩的重要性。树立大局意识，要求干部站在公司大局看问题，打击本位主义，遵守组织原则，自觉服从大局，坚决维护大局。树立核心意识，以董事会为核心，董事长是董事会的核心，全体干部员工的核心。树立看齐意识，向总部看齐，向董事会看齐，从而在行动上打造一致。

“四个自信”让全体干部员工信念坚定、方向明确、充满激情、斗志昂扬，为整个团队注入了强大的精神力量。

“四个意识”让全体干部员工思想统一、高度团结、纪律严明、行动一致，为整个团队打造了强大的凝聚力和执行力。

管理者思考：团队需要组织纪律更需要精神支撑

一个优秀的团队活力四射，拥有强大的精神力量。使命、愿景、价值观能够带给团队精神力量，团结合作和深厚情感也能为团队注入精神力量，团队自信更是一种强大的精神力量。中国共产党提出的“四个自信”为党带领全国人民实现中华民族伟大复兴注入了强大的精神力量。作为企业家和管理者要不断探索适合企业发展的道路，构建制度体系，提炼理论来指导实践，打造有生命力的文化，才能真正打造组织自信。

不同的行业与企业，发展道路是存在差距的。企业的经营模式、管理模式和营销模式都可能不同，选择什么样的发展模式跟企业的使命、愿景、价值观相关，也跟企业拥有什么资源有关，所以企业家和管理者要根据外部环境的变化和内部资源优势在公司使命、愿景和价值观的指引下，制定契合变化的战略，探索自身独特的发展道路，为企业和团队的长远发展指明方向。

道路明确后，也需要根据发展需要和管理需要，提炼和形成企业的理论体系。管理学在近百年的发展过程中形成了众多的关于企业发展的理论流派，企业管理者要加强对各种理论流派的研究与学习，不断消化吸收，再到实践中去检验，在经营实践中不断根据企业实际情况以及环境变化，不断演变，最终提炼出适合企业发展需求的理论体系，指导经营实践。

企业制度是指在一定的历史条件下所形成的企业经济关系，包括企业经济运行和发展中的一些重要规定、规程和行动准则。随着企业规模不断发展壮大，企业家和管理者在经营管理中不能依靠人治，要逐步转变到法治，要建立和不断完善企业制度体系，实现科学管理。企业家要借鉴国际上成熟先进的现代企业制度的一般准则和规范，又要根据企业自身经济和文化特点，把现代企业制度的一般原理和企业的具体实际相结合，探索一种具有自身特色的现代企业制度模式。

优秀的企业文化是企业的灵魂。企业文化是培养干部员工向心力和凝聚力，不断提升企业核心竞争力的重要法宝，也能极大地增强干部员工的文化自信，所以企业家和管理者要高度重视企业文化的打造与形成。从物质文化、制度文化和精神文化三个层面进行，从符号、仪式、英雄、核心价值观等方面进行。文化的打造要靠领导者和管理者认同和带头实践，才能逐步影响员工认同并自觉行动。优秀管理者总是高度重视文化建设，能够打造符合企业长远生存与发展的有生命力的企业文化，形成组织的文化自信。

企业家不仅要重视“四个自信”的打造，更要高度重视在管理团队中对“四个意识”的培养。一个优秀管理团队是要懂政治、讲政治、有政治意识的，一个优秀的管理者是要有政治觉悟、懂政治规矩、守政治纪律的。这样的团队才会更稳健、更可控，而管理者的视野要开阔，胸怀和格局要大，不能只站在个人角度和部门角度考虑，要学会站在公司角度、全局角度甚至是国家和社会角度考虑问题，培养大局意识和家国情怀，所谓站得高看得远，胸怀大了，事就小了。一个管理团队必须有核心，而且只能有一个核心，如果团队中有两个目标、两种思想、两个方向，甚至以两个人为核心，就会患得患失、患左患右，团队内部会产生极大内耗。团队只有一个目标、一个方向、一种思想、一种理论，甚至以一个人为核心时，才会是“忠”诚的“忠”，不是“患”，忠诚才可靠。所以管理团队一定要有核心意识，不能有山头主义。随着团队规模不断壮大，团队很难在行动上保持一致，容易造成秩序混乱，导致管理失控。所以团队要有标尺和标杆，在日常经营管理中向标尺和标杆看齐，就能打造团队一致性，所以团队要向企业的核心看齐、要向企业的核心管理层看齐、要向企业的决策和要求看齐、要向企业的制度和流程看齐、向优秀和模范看齐，这样就能不断调整部门和个人的步伐，跟公司保持步调一致，保证行动有力。所以“四个自信”和“四个意识”不仅适合党和国家的领导需要，也适合任何组织和企业的管理需要，既能形成强大的精神力量，又能形成强大的凝聚力、战斗力。

员工启发：人生在于选择，道路决定命运

无论是对国家、企业还是个人而言，方向决定前途，道路决定命运，寻找一条正确的道路非常不容易，又无比重要。所以每个人在踏入社会之后，将要面临如何生存与发展的根本问题。每个人在年轻的时候，最重要的事情莫过于找对人生的方向，在正确的人生的方向指引下寻找一条正确的人生道路。正确的人生道路将改变人一生的命运。

选择决定方向。人生的选择很重要，人一生中会面临无数次的选择，所有的选择取决于每个人对事物的价值抉择与对人生的态度。所以每个人的人生观与价值观将决定选择标准，人生观将决定人生的态度，价值观将决定价值标准，而人生观往往会决定价值观。通常一个人有什么样的人生观就会有什么样的价值观，而人生观又取决一个人如何看待世界万物，所以三观正，选择才不容易出错，方向才对。

人生方向大体正确，人生规划要逐步清晰。首先要不断自我觉察、自我对话，思索自己的人生到底需要什么，要有人生梦想，再将理想转变成人生目标，人生目标要按不同阶段进行分解，也要根据事业、家庭、学习、健康等不同内容进行分解，评估自身优势并合理配置有限资源，设定发展道路，制订行动计划。人在不同的行动阶段，认知将不断发生改变，要根据认知变化不断完善人生规划。

职业规划是人生规划中的重要部分，根据人生规划中的职业生涯部分进行详细设计。人生目标决定职业定位与职业目标，而职业

目标的实现与否将很大程度决定人生的命运，所以事业成败决定人生成败。每个人要根据人生观、价值观和人生目标以及正确评估个人的优势、特点、兴趣来确定职业定位和职业目标，寻找一条适合自身的职业道路和人生道路。

俗话说：条条大路通罗马。人生的道路有很多选择，选择固然很重要，但人不能反复选择，在不断选择道路的过程中自我折腾，蹉跎岁月。选择是有代价的，所以选择一定要慎重。根据大量杰出成功人士的人生经验和人的成长规律，一个人只有坚持走从“专注到专业到专家”的发展道路才更容易获得成功。人的一生可以分为生存阶段、生活阶段和贡献阶段，在不同人生阶段分别要求具备生存能力、生活能力和贡献能力。人刚踏入社会或者从事一个新的行业与职业，往往不具备生存能力或职业技能，只有聚焦一个事件专注学习、专注工作，才能想方设法做好，积累技能，获得生存能力；继续不断精耕细作，慢慢积累经验，获得生活能力；最终把这些认知归纳总结、提炼理论知识就能对行业和社会有所贡献，从而具备贡献能力。所以，“专注到专业到专家”是每个人都应该遵循的人生发展道路。

人生要打造自己的“四个自信”。人的道路选择对了，未必就一定能够成功，还要不断加强自我学习，提升思想和认知，不断修炼个人素养和道德品德，不断强化积极人生态度和思维方式，不断学习知识、训练技能，积累经验、艰苦奋斗、疯狂行动才能成功。在青春奋斗的过程中建立人生道路自信、思想自信、能力自信、行为自信，形成拥有每个人特色的“四个自信”。

即使一个人拥有“四个自信”，但如果一生只是单打独斗是很难成功的，因为个人的力量是渺小的，团队的力量是无穷的。一个优秀的个体善于寻找组织，融入团队，有极强的集体意识和观念，能够正确认识和处理好个人与集体的关系，认同个人服从组织，下级服从上级，少数服从多数的观念。热爱团队，维护集体利益，听从组织统一领导和指挥，遵守组织纪律，这种极强的组织观念就是一种政治意识。在工作中甚至生活中总是站在集体的角度和全局的高度来看待事物、处理问题，而不是只考虑个人利益与感受，这种观念就是一种全局观念。在团队中维护领导的权威，服从领导的管理，哪怕成为管理者也维护公司的权威，而不自我膨胀，这种意识就是核心意识。言谈举止向大部队看齐，向团队看齐，向领导看齐，这就是看齐意识。任何个人都离不开组织，只要加入组织就必须具备“四个意识”，才可能真正处理好个人与组织、个人与领导、局部与全局的关系，组织的秩序才能有条不紊，个人也才更容易获得组织和领导的信任、他人的支持，从而借助团队的力量获得更大的成功。

这就是尚为的干部和全体员工从党的“四个自信”与“四个意识”中得到的深刻认识与启发。通过十几年的学习与运用，打造出了尚为的“四个自信”与“四个意识”，为公司实现远大目标注入了强大的精神动能，也提供了强大的组织保障，每个尚为干部与员工都不断提高着自己的“四个意识”，也在个人的发展中逐步建立了自己的“四个自信”。

下

运用篇

第十一章　民营企业党建工作的尚为实践

民营企业发展离不开党的领航。尚为照明从成立之初就坚持“向党学创业”，开始是在思想建设、作风建设、纪律建设方面学习，后来正式成立党支部，进一步加强公司的政治建设、组织建设、制度建设。通过践行党建引领，公司“一群人一条心”，用十年时间实现改变工业照明格局的目标，十余年来公司的复合增长率保持在30%，高质量党建引领尚为照明高质量发展。

一、尚为照明的党建实践

公司始终把党建工作摆在企业发展战略高度，概括起来有四个特点：一是以党为师“四步法则”，注重从党的百年奋斗历程中汲取营养和智慧，提炼“不忘初心、艰苦奋斗、实事求是”等二十个关键词，设计“四步法则”全面对照学习，第一步是党怎么做、第二步是尚为怎么学、第三步是干部怎么思考并落实、第四步是员工受到哪些启发并执行。通过四步学习，凝聚力量、拓展思路。二是先锋领航全员学习，注重发挥党支部战斗堡垒和党员先锋模范作用，开展年度优秀党员评选，激励党员发挥带头作用，通过支部带头学、党员带头做，带动全体干部和全体职工学习党史、参与党建。三是融入文化、深入管理，注重将党建工作与企业文化建设相结合，明确构建公司红色文化，打造沉浸式、智能化党史学习教育长廊，通过持续化、多样化学习培训，强化全体职工理想信念教育，塑造正向价值观。四是拓展输出广泛交流，注重以党建搭建沟通合作桥梁，广泛与政府、企业、客户、商协会进行党建交流，承接数百场企业家、商协会及社会各界交流活动，持续向外界输出企业党建文化，同时主动履行企业社会责任，党员带头投身于公益事业，在全国设立七百多个“服务部”，累计组织和无偿参与各类自然灾害和突发事故等救援千余起。

二、对民营企业党建的思考

现阶段，党建工作正不断向各民营企业延伸，越来越多的企业家参与到党建工作中，圈子内外越来越多的企业到尚为参观交流就是最好的证明。但在交流过程中，我们也感觉到，还存在部分民营企业家对党建工作认识不够，对企业党建的作用定位和方式方法存在疑惑。结合尚为的党建实践，我对民营企业党建工作有五点体会，也把它概括为“五个抓”。

（一）抓党建就是抓经营。经营的本质是人心，抓党建是凝聚人心的最有效举措。从企业经营发展的目标来看，主要就在于找准客户需求、赢得客户信任、促进企业发展。在尚为的观念中，客户既包括业务上的顾客，也包括员工、供应商、政府部门等，不同客户需求不同，关注的价值点不同，解决方案也不同。如何赢得不同群体的人心，以最有效的方式让企业发展壮大？尚为从党的发展史中得到启发，党从小到大再到强的发展历程，是团结人心、凝聚力量的最好示范。一方面，党始终坚持以“全心全意为人民服务”为宗旨，从打土豪分田地、人民万岁到“始终把民营企业和民营企业家当作自己人”等经典论述，都充分体现党以人民为中心的根本立场，直击人心、打动人心、温暖人心、换得人心；另一方面，党始终保持实事求是的工作作风，注重深入一线走访调研、紧密联系群众，建立起牢固可靠的党群关系。尚为照明受此启发，从成立之初就以“全心全意为客户服务”作为公司经营首要原则，注重与客户保持紧密联系，通过党建工作搭建双方高层团队互访的桥梁，增进双方了解与互信，推动企业双方实现长远战略合作。同时，始终把员工当作企业最宝贵的财富，成立公司关工委和妇联，为员工提供各项关爱服务。客户真心合作、员工用心工作、供应商全心保障，公司得以不断发展壮大，十余年来始终保持30%的复合增长率。

（二）抓党建就是抓管理。管理的本质是管理人性，每个人都有需求与欲望，需求需要合理满足，而欲望需要严加控制。具体到民营企业管理，就需要完善管理机制、规范企业运作、激发员工正能量、促进健康发展。党的管理模式就是企业管理的最好借鉴，一方面，党善于激发人性中善的一面，在党的不同时期均涌现出无数可歌可泣的感人事迹和数不胜数的英雄人物，塑造了如延安精神、长征精神、井冈山精神、特区精神等诸多精神。这些精神能净化人的心灵，锻炼人的意志，提升人的境界，鼓舞人的士气，激发人的斗志。另一方面，党的内部管理制度规范而有力，从“三大纪律、八项注意”到中央八项规定，从狠抓作风建设到打击贪污腐败，党的制度建设、纪律建设成效显而易见。将党建工作融入企业管理中，有助于把党的制度优势转化为企业的发展优势，塑造一支健康向上、敢打敢拼的企业队伍，实现自我净化、自我完善、自我革新、自我提高。近年来，尚为照明持续深化抓党建、强管理，通过设置党员先锋岗，有效激发团队干事创业热情；通过内设审计监察巡视小组，党员带头开展诚信宣誓，持续推进全员廉洁培训教育，营造风清气正的企业文化。

（三）抓党建就是抓创新。党历来重视创新也善于创新，将马克思主义结合中国国情形成的毛泽东思想、邓小平理论、“三个代表”重要思想、科学发展观以及习近平新时代中国特色社会主义思想，就是最大的思想理论创新。此外，还包括根据地建设、农村包围城市、国共合作、游击战法、地道战、地雷战、改革开放、经济特区、“一国两制”、自贸区等。可以说，党的一百年奋斗史就是精彩纷呈的创新史，也是千辛万苦的创业史。党从五十几人的政党通过百年奋斗成为世界公认第一大政党，是世界上最成功的创业。从党的创新创业历程中，汲取经验与智慧，对企业的创新创业有重要启发和借鉴意义，能够让企业经营管理者深深懂得创新的重要与创业的艰辛，激发企业干部职工干事创业激情，尚为十几年来跟党学创业和跟党一起再创业就是在抓党建工作过程中形成的。

（四）抓党建就是抓品牌。品牌是客户的印象与感受，是一个企业的形象与知名度，是企业经营与管理在客户心目中的综合体现。一个优秀的品牌能够将自己与竞争厂家区分开，让消费者识别、认同、产生信任、长期购买。品牌是一个企业的无形资产，更是一个企业的核心竞争力。尚为始终坚信“深圳不仅有华为，更应该有千千万万的尚为”，并以此为目标不断奋斗。要如何塑造具有辨识度的企业品牌、提升品牌知名度和影响力？我认为党建就是构建企业亮眼品牌的最有效的举措之一。一方面，党建是企业信誉的坚实背书，经营好的企业党建不一定好，但党建好的企业经营通常不差，通过有自身特色的党建工作打造企业的党建品牌，有助于打造品牌新的标签，赋予品牌新的内涵，提高品牌层次，提升品牌知名度和影响力。另一方面，党建是企业文化的先进表现，十年企业靠管理、百年企业靠文化，党建文化与企业文化在很多方面都有共同点，比如仪式感、英雄和精神塑造、价值观的打造等都很相近，通过植入党建文化、打造红色符号，企业能够进一步坚定文化自信、品牌自信，对企业员工、企业发展以及外界对于企业的认知产生巨大的潜移默化的影响。尚为照明党建长廊里有一面感谢信墙，上面贴满的是百余封各地、各单位、各企业以及个人对尚为无偿救灾、支援学校改建等工作的肯定，这是我们党建工作近年来始终在做的事，也形成了一种文化。

（五）抓党建就是抓核心竞争力。企业党建工作，说到底就是做人的工作。劳动者、劳动资料、劳动对象是生产力的三要素，而劳动者又是生产力构成中最重要的要素，起主导作用。因此，企业的竞争归根到底是人才的竞争。而在干部培养上，党的培养体系远远胜过任何一家企业集团。一方面，党在识人、选人、用人、育人、管人上有科学的理论方法，以及完整的体系机制，注重思想理论武装、理想信念教育、知识结构改善、能力素质提升，培养出众多的“忠诚型、干净型、专业型、担当型”干部，形成完整人才培养梯队。另一方面，党在百年的奋斗历程中，铸就许多伟大的精神：

不怕苦、不怕牺牲、艰苦奋斗等，这些伟大精神不仅能感染人、感化人、改变人、激发人，更能凝聚人、团结人。通过党建，借鉴运用党的人才培养思路与方法，企业能够吸引和培养更多各个领域的人才。把党的伟大精神注入企业团队中去，就能极大增强员工的向心力、团队的凝聚力，人心相向、上下同欲、所向披靡，不断提升企业的竞争力与生产力。开设“尚为学院”，“以师带徒”“技能竞赛”“执业证书认证”等是尚为正在重点探索的公司战略之一。

党建的价值是无形的，也是巨大的。我和尚为的核心团队很早认识到了这座精神富矿，也特别清醒地看到尚为生存和发展的问题，以及一个企业究竟为什么而兴、为什么而衰。所以十几年来，自动自发地向党学习，重视党建工作，不管创业成员是不是党员身份都发自内心认同，自动自发学习。通过对这座精神富矿的不断探索与开发、消化与转化，逐步将党建文化嵌入尚为的企业文化建设中，为尚为提供了强大的精神力量，涌现出一个又一个感人的英雄事迹，塑造了很多英雄人物，构建起尚为人的精神谱系。虽然尚为规模还不大，发展也还面临一些挑战与不确定性，但尚为人有理想、有信心、有激情，为尚为梦而奋斗，推动中国梦的实现。

第十二章 党建与群团建设

组织是指由诸多要素按照一定方式相互联系起来的系统，是人们按照一定的目的、任务和形式编制起来的社会集团。组织不仅是社会的细胞，社会的基本单元，也是社会的基础。两个及两个人以上在一起就可以组成一个组织，小的组织只有几个人，大的组织可以有成千上万人。组织分为营利组织和非营利组织，大部分组织是非营利性组织，世界上只有企业组织是以营利为目的的组织，所以企业是一个社会的经济细胞。

组织的形式多种多样，有政党、企业、政府机关、医院、学校、妇联、工会、共青团、关工委、商协会、校友会、基金会、国际组织等，要想打造出一个成功的组织非常艰难，既要有能力的核心团队，还需要有清晰的使命、愿景、价值观，同时需要科学的组织架构、管理理念和方法，也离不开必要的资源和良好的环境。

中国共产党是世界公认的第一大政党，也是几千年人类文明中最成功的组织之一。虽然政党组织与其他社会组织的使命是不一样的，但组织的成功本质是相通的，可以互相借鉴。尚为不仅在创业和经营中以党为师，还注重以党建引领妇联、关工委、工会、共青团等群团工作，取得了一定的成效。我个人作为河南理工大学深圳校友会的创会会长，也在创办校友会中大量借鉴和吸收党的经验与做法，效果显著。接下来介绍一下打造尚为妇联、关工委和河南理工大学深圳校友会的一些做法。

我们在打造这几个组织的时候，借鉴和吸收党的经验做法最多的体现在三个方面：一个是目标愿景要远大，敢于设定具有挑战性的高目标；第二个是使命要高尚，动机要纯粹；第三个是具体做法要务实，措施要深入人心，要打造根据地阵地。尚为妇女联合会是在宝安区西乡街道党工委指导下成立的。我参加了妇联成立的筹备会，向筹备组回顾了党的百年奋斗历程，也介绍了尚为从成立之初如何向党学习创业的过程，让筹备组成员深受启发。大家决定要为妇联设定一个远大的目标和高尚的使命，最终确定妇联的愿景目标是打造一个全国优秀的妇联组织，使命是全心全意为女性职工服务，构建女性之家。筹备组针对妇联服务对象做了细致分析，首先确定女职工是服务主体，同时要把男员工的家属和员工的母亲纳入服务对象，甚至考虑将来时机成熟时把女性客户也纳入进来。将女职工做了分类：未婚未恋、未婚已恋、已婚未育、已婚已育、已婚离异。分类的目的是更好地实现全心全意为女性职工服务的使命，能够真正将工作落到实处，解决痛点，产生价值。大家对女性职工的共同兴趣点和痛点进行头脑风暴，也根据女职工的分类，将不同类型女职工的关注点找出来，针对这些兴趣点、关注点、痛点制定一些切实可行的措施，长期坚持，不断进行基层调研，不断优化升级，不断创新工作思路，就能真正逐步得到女职工的认可，最终得到女性的热爱，让她们将心交给妇联，真正打造妇女之家。

妇联成立后，确定了十项工作举措。首先，把“三八妇女节”

和“母亲节”打造成女性最隆重的节日。要给每个女职工和母亲送上一束最美的鲜花和一张最温馨的卡片，再送上一件女性使用的小礼品；要开展评优评先工作，进行“三八红旗手”集体和个人评选，最美妈妈评选；要举行隆重的庆祝活动。其次，帮助女性员工平衡工作与生活。女性是伟大的、不平凡的，又是不容易的，现代女性既要把事业做好，又要把家庭照料好，兼顾好，十分不容易。妇联要引导女性正确看待事业与工作，无论丈夫能力有多大，财富有多少，女性一定要有自己的独立事业，事业能够让自己不断提高思想认识与工作能力，让自己充满自信，更有气质与魅力，也让自己不与社会脱节，同时增加一份安全感，但同时又一定要兼顾家庭，柴米油盐、家务、老人、孩子、丈夫等事务与情感都不能忽略。要用系统工作的方法和女性智慧加以管理，才能做到真正平衡。最后，切实关注女性的身体健康与身心健康。女性生理结构的特殊性，更要格外做好健康防护，生理期如何平稳度过，乳腺、妇科等疾病如何预防，身体如何调养，包括性骚扰如何应对与避免，以及如何处理，遇到家暴如何解决等，这些关乎女性身心健康的都是关注点，甚至是痛点，妇联可以从这些方面着手工作，邀请相关专家和顾问举办讲座，利用书面手册进行宣传。

女性如何进行个人形象管理，如何教育孩子，如何提高厨艺、营养搭配，如何处理婆媳关系，面对家庭矛盾如何加强自我学习，如何帮助全职女性再就业等都是妇联工作的切入点，也是女性的关注点与痛点。在女性众多的兴趣点、关注点和痛点中，先找一两个切入点，将工作做深做透，做成根据地，打造井冈山，获得女性职工认可，树立妇联良好形象，再逐步将其他关注的问题有计划、有步骤地开展，用实事求是的工作作风，直面问题的勇气，农村包围城市的路线，改革创新的工作思路与方法，就一定能够将妇联工作做到实处，团结好、服务好女性职工，从而对公司团队建设起到凝聚人心、营造氛围、减少矛盾、激发活力的作用，从而推动企业经营管理目标的实现。

妇联同时向党学习精神力量打造，将一批又一批女性职工在平凡岗位上的感人故事宣传出去。比如王冠婷：2009 年冬季，傍晚，大雪，王冠婷手抱、肩背二十几公斤样灯，向矿山行进两小时，月夜赶到客户值班现场，用决心和毅力打开了市场局面。李兰：2012 年冲刺季，李兰放心不下团队和市场，提前结束休假，带着刚出生两个月的宝宝和母亲，以车为家，日夜冲刺在市场一线，奠定了湖北的市场发展基础。井乐：2018 年，作为李兰的老部下，面对团队稚嫩、市场拓展缓慢、自身产后身体抱恙等诸多因素，忧心如焚，毅然提前结束产假，一头埋进工作岗位中，带领团队完成目标。田妮：2020 年，作为井乐的徒弟，为解决市场问题，不顾怀胎八月，直接驱车前往客户单位；更是提前一个半月结束产假，带领服务部超额完成目标，诠释了尚为人不凡的责任感。王真真：2015 年某个雪夜，为解除客户疑虑和误会，王真真带着哺乳期的孩子和妈妈，于雪夜中等待近五小时，直至晚上十一点，用执着实现了石油市场零的突破。郭宏霞："拼命三娘"郭宏霞，2019 年 12 月，面临母亲重病卧床、丈夫工伤不便、一对孩子的饮食起居问题，在妥善交代弟弟和朋友安顿好家庭后，默默扛起重担，带领团队不分昼夜，成为销售冠军。李世娇：2019 年，山东李世娇，将大娃托给邻居，二娃送回老家，带领爱人一起投入迎战"利奇马"黄河保卫战，克服女性特殊生理期，皮卡车围成的专用厕所留下了她独特的身影，更敲开了客户的心扉。这些优秀女性员工的事迹，既展现了女员工良好的工作风貌，又体现了女性坚韧不拔、吃苦耐劳、勤劳勇敢的精神气质，不仅对女性职工起到鼓舞精神的榜样作用，又对公司的精神文化建设起到重要的推动作用。

尚为关工委的工作得到中国关工委的关注，省、市、区和惠州市关工委领导多次到尚为调研和指导，对尚为在企业关工委工作的努力和创新给予了很高评价。尚为关工委在宝安区和西乡街道关工委指导下成立，每年区关工委主任都要实地到尚为了解年度关工委工作开展情况，区和街道关工委的工作人员一起群策群力，出谋划策，推动尚为关工委工作的开展。

尚为有八成以上是二十多岁的员工，是一支特别年轻的团队。已婚员工有近两千人。青工教育是我们特别重要的一项长期工作，而已婚员工对孩子的关心是最大的关注点，没有一个父母亲是不疼爱孩子的，所以青工教育和关心下一代成了我们关工委的工作重点，年轻员工和职工子女是关工委的服务对象。为了表达公司对这些工作的重视，我亲自担任关工委主任，温主任说这在企业是不多见的，我开玩笑说："哪一天我退休了，还可以继续干，这是我提前为自己退休后找的一个发挥余热的舞台。"

尚为关工委成立后，特别重视党建引领，以党建带动关工委建设。首先设立了一个远大目标：打造一个全国优秀的企业关工委组织。使命初心是全心全意做好青工教育和关心下一代。通过对服务对象的研究分析，日常调查，逐步清晰了八项具体工作措施：首先是推动公司制定针对下一代的各项福利政策。员工结婚时有结婚贺礼，董事长有亲笔贺信，该员工上两级的领导要到现场道贺并宣读贺信。其次是女员工生育时有生育贺礼，上级领导要去看望生产女员工，孩子出生后，零到三岁每季度发放一定金额的奶粉费、尿片费，减轻一部分员工养育孩子的负担。三到六岁的孩子有一定金额的玩具费、医疗费，上幼儿园和托儿所每学期有一千元的补贴。这些福利金额未必很多，也未必所有人都会去主动申请，但已婚员工们感觉到的是温暖与关心，未婚员工虽然没有成家，但也能间接感受到关心与希望。员工子女上大学，提供大学贺礼和一定金额的奖学金，提供暑期工作和实践机会，大学毕业后，愿意来公司工作的优先给机会。我们提出一个口号叫“奋斗一辈子，幸福两代人”，这样能给员工吃一颗定心丸，同时给有需要的大学生提供人生规划和职业规划的指导。

现在全国中小学生的近视率越来越高，小学生约 50% 近视，中学生接近 80% 近视，大学生达到 90% 近视，连六岁儿童的近视率都达到了 14.8%。这是一个十分痛心又十分可怕的数据，所以公司关工委特别重视青少年近视防控工作，尤其是员工的子女近视防控。我们对内部员工科普光健康和近视防控的知识，以工厂价提供福利帮助每个家庭改造成健康光环境，引导员工定期给孩子做视力筛查等。

对年轻员工，我们特别重视“三观”和“六爱”教育，让青工理性、客观、包容看待世界，让青工思考生命的意义和人生的价值，激发奋斗活力，避免“躺平”，让青工知道事物美丑、好坏、善恶的标准，爱憎分明，是非清晰，引导青工爱国、爱党、爱企业，有家国情怀，民族自豪，拥护和热爱我们的党，明白没有共产党就没有新中国，没有共产党就没有今天的幸福生活，热爱集体和企业。企业不是某一个人的，是大家工作的平台，要珍惜。每个人在企业工作都是首先为自己工作，而不是为他人工作。要热爱工作，没有工作没有事业就无法保护好家庭和家人，就无法实现人生的价值。家庭是我们温馨的港湾，家人是我们奋斗的动力，人们对事业的追求和对家庭的热爱，是因为我们热爱生活，生活是美好的，生活中也会有酸甜苦辣，正因为如此，生活才多姿多彩，经历风雨才能见到彩虹，热爱生活，追求幸福才是人生的真谛。

除了对青工加强思想教育，还要加强技能训练，态度好、能力好才是好青年，才是人才。哪怕他们离开尚为，也是社会财富。所以一个企业敢于全心全意培养年轻人，就是在承担社会责任，推动国民素质提升，为社会创造财富。尚为鼓励青年职工要爱学习，爱读书。我们关工委收集了一些关于我国读书的数据，也调研了周围人群以及员工，大部分人一年都不看一本书，都在看朋友圈和刷抖音等进行碎片化娱乐，令人触目惊心。我们关工委联合企业的宣培中心、组织部、人力资源部、工会、妇联、共青团共同营造公司的读书氛围，创立《尚为人报》《奋斗者》《尚为故事》等报刊和图书，倡导每个干部员工要读书学习，每个月最少看一本书，定期开展读书分享会，尚为有一句名言：唯一能持久的竞争优势是胜过竞争对手的学习能力。

几年前，一些在深校友提出要搞一个校友会，邀请我做会长。我跟筹备组的校友们交谈过几次，感觉他们的创会动机仅停留在认识更多优秀校友、整合资源的层次，对校友会的目标和发展也不清晰。在一次筹备会上我坦白指出，如果要由我做会长，那我们一定要用党建的思想来引领。我把尚为如何跟党创业，尚为妇联和关工委如何在党建思想下建设的做法分享后，大家感到特别震撼，也特别兴奋，纷纷表示我们就这么干。于是我们提出筹建深圳校友会的愿景目标：打造河南理工大学最好的校友会，创办全国一流的校友会。读书读不过北大清华，办个校友会也不如吗？大家一下子激情昂扬。虽然这个目标很有挑战性，但令人深受鼓舞，充满斗志，直到今天，大家都热情不减。校友会的使命是全心全意为校友服务。一下子让大家觉得我们在做一件高尚的事，动机纯，初心正。任何一个组织的创办都可以在党建思想中汲取营养，目标要远大，使命要崇高，打造根据地，工作要务实，实事求是。

为了制定具体为校友服务的措施和清晰的工作思路，我们对校友进行了分类：刚毕业到深圳找工作的校友；在深已经工作的校友；想要创业的校友；已经创业的校友；在政府部门工作的校友；准备退休和已经退休的校友。不同的校友，需求点是不同的。我们对每一类校友的需求做了分析，找到大家的需求点，痛点甚至顾虑点，围绕如何满足这些需求，不断探讨服务方案，明确服务的重点对象是刚到深圳的校友，把这群校友服务好了，根据地就有了，校友会品牌和口碑就有了，人心就有了，慢慢再推动其他工作有序开展。

我们拿出一套别墅作为校友之家和校友驿站。刚毕业来深找工作的校友，可以在这里免费住宿两个月，同时提供校友企业招聘岗位信息。如果校友已经找到工作单位，在深校友也可以对该单位和该区域做一些介绍，帮助新校友了解更多信息，更快熟悉环境。每年举行迎新会，为新校友找资源，校友“一对一”结对子，认师拜亲，教他们做人的道理和做事经验。校友之家也成为平常校友们三个一群五个一伙小范围活动的地方，真正把校友之家和校友驿站打造成河南理工大学深圳校友会的根据地。这些举措深得人心，也振奋人心，一下子在深圳一万多名校友中传开了，也在五万多名在校师生中传开了，在全国三十多万校友中广为传播，树立了形象，建立了口碑，打造了根据地，创新了工作方法，凝聚了人心。

校友会在很多方面都是按这样的思路开展工作的，成为母校在粤港澳的窗口和驻深办，成为校友和母校的连接纽带，帮助在校和工作中的困难重病校友。在每个区域成立服务中心提供校友交流平台，定期走访校友企业，举办财经论坛和年会，跟老校友进行茶话座谈，成立法律服务中心，羽毛球、足球、台球等种类丰富的体育组织及活动，数不胜数。

不管是创办群团组织还是社会组织，不管是创办一个独立的组织还是一个组织中的二级三级组织，都可以从党的百年奋斗历程汲取营养和智慧，都可以运用党建中的思想建设、作风建设、纪律建设、组织建设、制度建设、廉政建设，把党史党建学习好了，悟透了，会灵活运用转化，就能建设好各种组织。

第十三章　党建文化与企业文化

人性是人类共有的、普遍的，是遗传而来的；人格是个体特有的，既有遗传的部分也有后天习得的部分；而文化是一种集体现象，通常被现在或过去生活在相同社会环境中的人们共享。文化是后天习得的，不是与生俱来的，但文化特征往往是遗传下来的。

文化是一种精神生产能力和精神产品，是一种精神力量，在人们认识世界、改造世界的过程中可以转化成物质力量，对社会、国家、民族发展产生深刻影响。文化对人的作用巨大，影响人们的交往行为、交往方式、实践活动、认识活动、思维方式。优秀文化能够丰富人的精神世界，增强人的精神力量，使人深受震撼、力量倍增。

不同国家和民族的文化差异有时候是很大的，有多种表现形式。文化的整体概念由符号、英雄、仪式和价值观组成。符号代表最外面的表层，价值观是文化最深层的表现。一个国家、民族需要自己的文化，也必然在社会生产和发展过程中形成独特的文化。文化的精华部分通常称为文明。任何一个组织要想生存和发展，也同样一定要打造和形成自己的组织文化。组织文化是组织成员的共同价值观体系，是组织的灵魂，无论是政党组织还是企业组织都是如此。一个企业组织的生存与发展，十年的企业靠管理，百年的企业靠文化。

政党的发展与其党建文化有着不可分割的关系。一个政党的涣散，始于党内文化的涣散；一个政党的腐朽，始于党内文化的腐朽；一个政党的先进，始于党内文化的先进；一个政党的活力，始于党内文化的活力；一个政党的强盛，始于党内文化的强盛。

中国共产党的党建文化是在党的百年发展和建设中培育形成的价值观念、理想信念、行为规范等的总和，是长期革命斗争和革命建设积累下形成的实践成果，是党的建设的灵魂与活力之源，是一种先进的、有生命力的、充满活力的、强盛的党建文化，对其他政党、社会组织和企业组织有重要的学习和借鉴意义。党建文化作为一种特殊的、内涵丰富的文化形态，既具有一般意义上的文化特征，又具有独特的党建特征。作为一套观念体系，其内涵主要包括：中国共产党的思想观念、组织观念、行为观念、价值观念、标识观念等方面。

中国共产党在一般意义上的文化特征：符号、英雄、仪式和价值观几个方面都做到了极致。如果一家企业意识到文化建设的重要性，只要虚心向党学习文化建设，就一定能够打造先进的、有生命力的、充满活力的、强盛的企业文化。首先认认真真在企业的党组织学习党建文化建设，在企业内部打造合格的甚至优秀的党建文化；其次在企业文化建设中学习模仿运用党建文化的形式与内容；最后将党建文化融入企业文化建设中去。这样就一定能够打造出优秀的企业文化，其他类型的组织也可以用这种方法进行学习。

尚为从成立之始就深知企业文化的重要，企业团队花了七个月时间进行创业筹划，其中有相当一部分时间是在探讨尚为文化的打造。请老师给我们讲解什么是企业文化，如何打造企业文化，也找了很多与企业文化建设相关的书籍进行学习。我们给企业文化下了一个定义：全体员工共同认同并自觉遵守的言行规范。企业文化首先是创始人文化，创始团队文化，只有企业的最高层内心认同并带头示范，言行一致，才能逐步影响下一级干部。一级影响一级，最终才能达到全体成员认同并自觉遵守。它是自上而下形成的，只有领导带头，才可能实现全员认同，它不是一种强制力量，而是一种心理软件和无形的力量，是企业在日常运行中表现出的方方面面，包括物质文化、制度文化、精神文化。精神文化是文化的核心，而理念、思想、价值观又是精神文化的核心。

2009 年，我们创业之初就在不断地向党学习党建文化，通过各种形式、各个层面的学习、消化、吸收、转化、运用，慢慢将党建文化无痕地融入企业文化之中，很多时候都很难区分。在文化符号、英雄、仪式和价值观四个方面的学习上，坦白讲，符号标识这一方面学习得不够，做得还有差距，而其他三个方面学习得非常深入。下面逐一做个介绍。

党的百年奋斗历程中，涌现了一大批视死如归的革命烈士，一大批顽强奋斗的英雄人物，一大批忘我奉献的先进模范，形成了一系列伟大精神，构筑起了中国共产党人的精神谱系。有的是对建党和传播马克思主义做出独到贡献的革命先驱；有的是担任党的重要领导工作，带领人民群众在黑暗中抗争，在艰难中前行，不惜抛头颅洒热血的革命先辈；有的是为了民族独立、人民解放，慷慨赴难、将生死置之度外、浴血战场的优秀指导员、战斗英雄和国际共产主义战士；有的是为了国家富强、人民幸福，在各自岗位上默默奉献、攻坚克难、做出突出贡献的各方面的模范人物；还有的是在中国特色社会主义新时代涌现的不忘初心、牢记使命、勇于担当的优秀共产党员代表。

新民主主义革命时期的英雄代表：马本斋、方志敏、毛泽民、王尔琢、王尽美、邓中夏、邓恩铭、韦拔群、叶挺、左权、刘志丹、刘胡兰、吉鸿昌、向警予、江竹筠、何叔衡、张太雷、张思德、李大钊、杨开慧、杨靖宇、苏兆征、陈延年、陈潭秋、冼星海、周文雍陈铁军夫妇、罗炳辉、恽代英、赵一曼、夏明翰、钱壮飞、黄公略、彭湃、彭雪枫、董存瑞、董振堂、蔡和森、瞿秋白、刘老庄连、狼牙山五壮士。

社会主义革命和建设时期的英雄代表：马海德、毛岸英、王杰、王进喜、甘祖昌龚全珍夫妇、申纪兰、伊斯雷尔·爱泼斯坦、吴运铎、时传祥、麦贤得、孟泰、茅以升、容国团、屠呦呦、常香玉、黄继光、焦裕禄、雷锋、“两弹一星”群体、“南京路上好八连”。

改革开放和社会主义现代化建设新时期的英雄代表：孔繁森、王伟、王瑛、包起帆、叶欣、任长霞、许振超、许海峰、李向群、杨业功、苏宁、林俊德、杰桑·索南达杰、胡福明、袁庚、谢高华、路遥、“863”计划倡导者、小岗村 18 户村民、中国航天员群体。

中国特色社会主义新时代的英雄代表：毛相林、王继才王仕花夫妇、艾热提·马木提、张超、张桂梅、张富清、李保国、杜富国、邹碧华、卓嘎与央宗姐妹、钟扬、钟南山、黄大年、黄文秀、廖俊波、樊锦诗、载人深潜英雄集体、中国船舶集团第七六〇研究所抗灾抢险英雄群体、陆军第七十四集团军某旅“硬骨头六连”、抗疫一线医务人员英雄群体、航天科技“嫦娥”“神舟”“北斗”团队。

上述英雄人物和群体我觉得有必要一一列举，希望能够让更多人记住他们，忘记就意味着背叛。当然还有千千万万的无名英雄，他们的事迹一样感人至深，令人潸然泪下，任何一个故事都是一个宝藏，都能使人深受震撼，力量倍增，只是大多数只能封存在档案馆里面。这些感人至深的英雄人物和他们的英雄事迹完美地诠释了中国共产党的思想观念、组织观念、行为观念、价值观念。这些英雄人物构成了精神的符号、标志，通过个人标志和团队标志，形成了人格化的精神成果，构成了中国共产党人的精神谱系。党在不同历史时期和发展阶段形成了不同的重大精神成果，提出了近百种精神。据《求是》杂志所列，共有十二种重大精神成果。其中新中国成立前有六种，即井冈山精神、长征精神、遵义会议精神、延安精神、西柏坡精神、红岩精神；新中国成立七十多年来也有六种，即抗美援朝精神、“两弹一星”精神、特区精神、抗洪精神、抗震救灾精神、抗疫精神。

习近平总书记在庆祝中国共产党成立一百周年大会上的讲话深刻指出：一百年前，中国共产党的先驱们创建了中国共产党，形成了坚持真理、坚守理想，践行初心、担当使命，不怕牺牲、英勇斗争，对党忠诚、不负人民的伟大建党精神，这是中国共产党的精神之源。一百年来，中国共产党弘扬伟大建党精神，在长期奋斗中构建起中国共产党人的精神谱系，锤炼出鲜明的政治品格。历史川流不息，精神代代相传。我们要继续弘扬光荣传统、赓续红色血脉，永远把伟大建党精神继承下去、发扬光大！

人无精神不立，国无精神不强，企无精神不兴。尚为创始团队从创业之初就深知这个道理，尤其在创业早期，物质资源特别匮乏，外部环境非常困难，创业精神就显得尤为宝贵。我们经常会跟大家讲述前面列举的很多英雄人物和英雄事迹，尤其是新中国成立前那段最艰苦岁月里的故事，没有枪，没有炮，敌人给我们造，遇到强敌如何以弱胜强的游击战术。没有粮食自己在井冈山上种南瓜，开荒种地，在延安搞自力更生，艰苦奋斗，自己动手丰衣足食。毛主席亲自种菜、周总理纺棉花、朱总司令的扁担、南泥湾的精神，把井冈山的苦，长征的难，抗战的残酷一一讲给创业者听，把这十二种精神也常常挂在嘴上，对创业团队的精神打造起到了很好的榜样激励作用，大家觉得我们在和平年代创业遇到的这点困难跟战争年代比起来就算不上什么了。

榜样的力量是无穷的，但是我们不能只是在外面寻找英雄故事，更重要的是在团队内部寻找英雄和模范，挖掘模范事迹。尤为重要的是从核心高层做起，我们深知领导以身作则、率先垂范的重要。在尚为有一句广为流传的话：领导带头，全员行动。为了创业卖房子，在九平方米的办公室办公，跟员工三人睡一张床，周末到生产线上去剪线头，做司机、接待员、送票员、购票员等，什么活都做。早期几乎没有一个创业者是只做一个岗位工作的。

副总裁张家华是出了名的拼命三郎，一年在全国几百座城市出差时间超过三百天，工作日见客户，周末在各办事处给大家开会，晚上处理公务，每天只睡六小时，吃饭、赶路、等候的时间全是谈工作，经常开会到凌晨两三点，第二天仍然六点多起床，十几年来拉坏的行李箱都有十几个。早期从不住酒店，都是跟员工挤宿舍上下铺，后期也只是住几十元的房间，现在一直保持住快捷酒店的习惯。家华对物质需求极为简朴，我们多年一起出差都是“快餐、快捷、宿舍、加班、夜宵”五大件。在每个地方吃夜宵时都是跟员工们谈梦想谈未来，大家都激情高扬。有一次两人喝多了，把电脑和手提包都放在了房间门外，第二天找不到包，打开门一看，还在地上。我们说，估计是我们的梦想感动了老天爷。筹备期我们也经常谈未来，有一次谈得特别兴奋，谈到很晚，我说睡吧，结果我们发现天已经放亮了。

副总裁张文华，学习能力和执行能力极强。以前做耳机工厂，我用一本创业说明书唾沫横飞讲了一个小时，他决定卖掉耳机厂股份加入尚为，一个外行没日没夜地学习实践，很快就胜任工厂厂长一职，而且同时兼生产主管、品质员、采购员、送货员、文员、司机，最多身兼七职。除了晚上十点到第二天早晨八点之外的时间，全部扑在了工作上。老婆小齐生二胎，一个人在家没人照料，还要照顾女儿。有一天下午，我和文华正在开会。小齐打来电话，没多久就挂了，文华继续在讲工作。我打断了会议，因为隐约听到小齐不好的声音，我问什么情况，文华说老婆见红了，我大骂，让他赶紧回家去，人命关天。当天晚上小齐就顺利生产了。为了节约成本，文华只花了两万元在一些倒闭工厂“捡漏”了两大卡车工具和设备，开起了尚为的工厂。早期只有四个工人，几个人自己买一点油漆刷墙，电缆布线，设备安装。早期搬了几次厂，包括第一次搬到惠州工业园区，都没有请装修公司和搬家公司，总部都是以女员工为主，搬家的时候都是自己扛上扛下，从没有花钱请人搬。

研发老总陈克华是尚为第一个研发人员，自带电脑，还没有租办公室时就在宿舍里办公，给研发部买的第一台设备是二手风扇，为了省电也经常舍不得开，经常光着膀子搞研发。为了节约钱，无论是总部、工厂还是市场一线，早期都是买二手的工具、文具、电脑、设备、办公桌椅，通常价格是新物品的十分之一。

公司早期在全国成立了九个办事处，这些负责人都是创业者，对公司情感深厚，体现出了强烈的主人翁责任感。大家为了节约成本，在一些偏远老旧小区租一套一室或两室的房子做办事处，既可以办公又可以住宿，每个人不仅要承担销售的工作，技术支持和内勤也是自己利用晚上或周末的时间处理。担心公司资金流不足，几个主任相互商量每个人偷偷准备了两万元的个人资金，以防万一公司资金流断裂，导致市场员工们没有钱出差，令整个团队特别感动，也激发了各个部门团队的主人翁责任感。

健康照明的总经理徐彬刚进公司时在电厂做销售，几个月没有业绩，为了拿下第一笔业务，跟随客户到家里，客户开门后想马上把门关上，他用脚顶住门跟客户争取机会，最终感动客户，签订了一个小订单。为了节约送货费，他用一根棍子挑着灯具到电厂，很多客户为这种敬业精神而感动。

事业二部总经理梁辉刚进公司时，有一个很重要的投标工作，结果遇到大雪天，汽车中途返回。梁辉看到路旁有一个大爷正往田里拉粪，便给了大爷一百元钱，让大爷拉他到客户单位。当他两手拎着样品从一楼冲到五楼招标现场，正好轮到我们唱标。在介绍产品的过程中，由于路上的风雪和刚才的急跑一下子流出了鼻血，在现场不仅感动了客户，还感动了竞争对手。

陈仕学一人到西藏开发市场，要克服高原反应和各种困难打开市场局面。西藏人工费用太高，为了安装灯具，登高拆装、灯具维修、小型电焊、切割、拆装等，都是自己反复学习，亲自动手。

跑市场的销售人员为了获得客户信任，整夜陪客户，做跟班，帮助客户干活，打扫卫生，解决各种困难，做好各种服务等。

这些例子数不胜数，也恰恰是这种主动工作，敬业精神，服务态度赢得了客户的信任与认可。前面提到的王冠婷、李兰、井乐、田妮、王真真、郭宏霞、李世娇等一大批女性干部员工的顽强精神和敬业态度更是激励和影响了无数干部员工，也感动了无数的客户。

这样的模范与感人故事数不胜数，对尚为精神文化的打造与形成有不可估量的作用，就像前面列举的一百个英雄人物对党的精神铸造起到的作用，而这些模范在成长的过程中都受到党的英雄人物和事迹的感染与影响。尚为在这十几年的创业过程中，特别重视文化的打造与形成，尤其重视尚为精神的铸造，我们的创业精神有浓厚的革命色彩。尚为团队坚持理想、践行初心、担当使命，不怕吃苦、不畏困难、敢于挑战、艰苦奋斗、热爱客户的创业精神，是尚为的核心竞争力，而这与我们长年从党的奋斗历程中汲取精神力量是分不开的。

尚为在这十几年的创业过程中打造了自己的十条铁律：

1. 主动融入　角色转变
2. 快速学习　反复练习
3. 不留退路　不当逃兵
4. 愿意吃亏　敢于吃苦
5. 不畏困难　敢于挑战
6. 热爱工作　激情四射
7. 心态乐观　思维积极
8. 绝不服输　永不放弃
9. 坚决执行　绝不拖延
10. 说到做到　绝不迟到

尚为在这十几年的创业过程中也形成了二十二条军规：

1. 死盯目标	2. 永争第一	3. 敢想敢为	4. 结果说话
5. 绝不放弃	6. 绝不抱怨	7. 不怕失败	8. 不怕拒绝
9. 没有借口	10. 死缠烂打	11. 软磨硬泡	12. 疯狂行动
13. 听话照做	14. 说到做到	15. 团结合作	16. 开拓创新
17. 积极乐观	18. 充满激情	19. 吃苦耐劳	20. 让人喜欢
21. 终身学习	22. 绝不迟到		

这十几年我们不仅学习党打造精神文化，也特别注重制度文化建设，各种制度手册近百万字。同时注重打造学习的仪式感，员工入司后有欢迎仪式、转正仪式、晋升仪式、升旗仪式、周年徽章仪式、告别仪式，未来还准备打造退休仪式，下面介绍几种常见的仪式。

员工入司时要举行爱国者宣言，我们要求每一个入司的员工是爱国爱党爱中华民族的，由部门负责人在周例会上带领员工宣誓，宣誓词如下：

我是中国人，作为中华民族一员，我感到无比荣耀。我爱我的祖国，我爱她秀美河山、悠久历史、璀璨文明；我爱我的祖国，我爱她勤劳勇敢、自强不息、与时俱进。作为中国公民，我开放学习绝不崇洋媚外，我自信分享但不忘国耻。弘扬社会正气，振兴民族企业，捍卫祖国利益。为民族伟大复兴，为世界和平稳定，为构建人类命运共同体，努力奋斗！

员工转正的时候要举行转正员工宣誓，由直接领导带领宣誓，宣誓词如下：

我愿将此刻，作为人生梦想新起点。我认同公司的经营理念，模范遵从公司的制度和规范，用自己的激情、诚实与勤奋服务于所有客户，实践公司的承诺。为自我实现，为共同的理想和目标，我将全力工作。

员工成了干部或者从干部晋升到更高职务的干部时，上一级领导干部要在部门会议时带领该员工宣誓，有时候公司年度聘任时，也要举行集体宣誓，宣誓词如下：

我已步入人生的崭新阶段。作为尚为的管理干部，我深知自己肩负的责任，深切感受到公司的重托与期望。为了公司的使命和目标，为了共同的理想和追求，为了下属的成长和发展，我将忘我工作。

干部要升为高管，成为奋斗者，要在公司领导带领下在众多干部见证下进行奋斗者宣誓，宣誓词如下：

我志愿加入尚为，成为尚为奋斗者，作为奋斗团队一员，我感到无比荣耀，更深知自己肩负的责任。自从此刻，不怕艰难困苦，敢于苦心恶战，直面挫折打击，不断提升标准，抑制自我膨胀，打击小富即安，追求长远利益，乐于无私奉献，为人生价值实现，为改变家族命运，为公司使命目标，为勇担社会责任，努力奋斗！

尚为的价值观强调所有尚为人必须讲诚信。公司重视诚信建设，平常各种会议与场合都要进行这样的培训教育，在各种庄严场合也要举行全体诚信宣誓，宣誓词如下：

诚以修身、信以立本，至诚如神、不诚无物。人类是唯一会撒谎的动物，信用是最宝贵的资源，作为尚为人，我深刻意识到，撒谎是人品低下，欺骗是道德败坏，弄虚作假是犯罪。我郑重承诺，从今往后，言必信、行必果，说到做到，用生命捍卫承诺，绝不弄虚作假，绝不阳奉阴违，绝不贪污腐败，绝不欺上瞒下，坚决不说假话！

这就是尚为十几年来从党建中学习如何进行企业文化建设的一些工作，应该说也是我们学得最多、做得最好的一部分工作。党建工作的本质是做人的工作，而做人的工作最重要的是统一思想、提高认识、凝聚人心、激发活力、铸造精神。尚为用党建文化指导企业文化建设，将建党精神注入尚为团队，实现党建文化无痕地融入企业文化中去。

经常有人问我尚为的核心竞争力是什么，我们可以介绍一些具体的方面，但归纳到一点来说，应该是做人的工作能力，而这恰恰是企业文化的价值与结果。尚为的文化还不完美，有很多需要不断完善提高的地方，但我们对尚为文化的完善与演变很有信心，因为我们一直在向党学习文化建设，因为党建文化代表先进文化前进的方向，对其他组织文化会产生重要引领和影响作用。

第十四章　富不过三代与百年老店

古人说：“道德传家，十代以上，耕读传家次之，诗书传家又次之，富贵传家，不过三代。”中国是一个家族观念很强的国家，特别注重家族传承，尤其是声势显赫和富贵家族更希望将家族的荣耀与财富代代相传。然而事与愿违，古往今来，无论是皇亲国戚还是名门望族，大部分很难摆脱富不过三代的宿命。

很多人都有一个误解，以为只有中国人才富不过三代，外国人尤其是欧美国家的家族大部分能百年传承。实际上，能够富过三代的欧美家族不超过15%，哪怕有一些家族超过了三代传承，也很难再达到这个家族最辉煌的鼎盛时期。如此看来富不过三代还是一个古今中外的世界性难题。

纵观中国历史和世界历史，就是一部朝代兴衰史和更替史，几乎每个朝代都经历了从兴盛到衰败的过程，有的朝代延续时间长一些，更迭慢一些，很多朝代从兴到衰只用了短短几十年，每个政权都经历兴衰治乱，往复循环呈现出周期性现象，这就是著名的“历史周期率”。

中国历史上有许多短命王朝，如秦朝和隋朝，分别只有十五年和三十八年。五代时期前后短短五十余年，天下五易其主，后梁、后唐、后晋、后汉、后周。黄炎培先生在延安与毛泽东对话时，坦率地说："我生六十多年，耳闻的不说，所亲眼看到的，真所谓'其兴也勃焉，其亡也忽焉'。一人、一家、一团体、一地方乃至一国，不少单位都没能跳出周期率的支配力"，并问毛泽东中国共产党能否跳出这个周期率的支配。毛泽东回答说："行，这就是民主。"

国家尚且如此，企业组织同样如此。大多数企业的平均寿命不是很长，还没有到接班的时候企业已经不存在了。改革开放早期成立起来的不少优秀企业发展至今面临最大的问题是代际传承。第一代企业家基本到了退休年龄，不少优秀企业在传承到下一代的过程中就把一辈子辛苦创造的平台断送殆尽，绝大部分企业还没有遇到传承到第三代的问题，而根据全世界统计的企业数据，大部分企业传承不超过三代，欧洲只有 30% 的家族企业能传承到第二代，15% 能传承到第三代。据美国《财富》杂志报道，世界 500 强企业寿命四十至四十二年，无论是国内还是国外，百年老店寥寥无几。

为什么富不过三代？为什么年轻人会"躺平"？为什么企业代际传承困难？父母该如何教育下一代，家庭才能兴旺？老师该如何教育，学生才能成才？这些问题困扰着大部分人。当然个中原因很复杂，很难说是由某一种或几种原因造成的。往往是多种因素综合的结果，是内因与外因相结合的结果。但内因一定是决定性因素。接下来我们先分析造成这些问题的原因，尤其是内在因素，再从前面章节中党史学习提炼的二十条中寻找一些启示。从而进一步厘清家庭教育、学校教育和企业教育的一些侧重点，精神层面是重中之重。

富不过三代

李鸿章是晚清四大名臣之一，盛宣怀是晚清商业之父、当时的首富，两人是为官和从商的典范，可谓登峰造极。可是他们的后人中，一个叫李国杰，一个叫盛恩颐，年轻时不学无术整天无所事事，挥霍无度，沾染抽大烟和赌博的恶习，没多少年，两人就几乎把祖辈留给自己的家产败光了。而穷困潦倒的盛恩颐最终饿死在自己家宅子，盛宣怀虽然一生儿女成群，但所生的儿子无一例外地潦倒终生，真是令人唏嘘。这样的例子数不胜数，比比皆是，当然更多的家族是一代一代逐步衰败的。

祖辈积攒了丰厚的家业和物质条件，为子孙后代成就事业提供了重要的资源保障，为什么很多后辈不仅不能事业成功，反而不如普通人呢？个中原因令人深思，也许会有不少是由政治、经济等外部环境因素所致，但从内部原因来看有以下几方面：

从小富裕的物质生活让孩子产生优越感、舒适感，感受不到外部环境的压力，内心脆弱，抗压能力差，危机意识差。从小没有体会人间疾苦，不知生活不易，更不知钱财来之不易，不懂得珍惜，挥霍浪费不心疼。过度物质满足，容易让人无欲无求，不求上进，找不到生活的意义和生命的价值。从小娇生惯养，养尊处优，容易养成飞扬跋扈的性格，不懂如何为人处世，如何尊重他人，也没有动手能力，生存能力差。父母的溺爱与纵容，失败的家庭教育，让孩子不学无术。很多孩子生活自理都成问题，纵欲过度，人性的懒惰、自私与贪婪更会放纵，不断被激发，所以很多名门望族家的孩子好色、好赌、好抽、好喝，做人没底线，生活没节制，精神空虚，没有人生理想与目标，没有斗志，没有情感，只能用物质世界去填补精神世界的空虚。父辈一无所有时打拼创业精神和朴素作风家风丢失，没有传承或者逐步衰竭。所以林则徐有一句家训：“子孙若如我，留钱做什么，贤而多财，则损其志；子孙不如我，留钱做什么，愚而多财，益增其过。”

年轻人为什么选择“躺平”

年轻人选择“躺平”有很多原因，从外部因素看，有生活压力大、工作压力大、教育压力大、竞争更内卷的因素，也有社会普遍追求高品质物质生活与享受，而年轻人的收入与房价、车价等大量商品价格相比，差距太大，无法承受，感觉遥遥无期，造成巨大的失落感。也有部分年轻人的父母经过大半辈子打拼创造了比较好的生活条件，父母不希望孩子像自己过去一样那么辛苦，而年轻人选择在家啃老“躺平”，自己也觉得没有必要再吃那些苦，过轻松的生活就好了，还有互联网和游戏的虚拟世界让很多年轻人沉迷，玩物丧志。

“躺平”的年轻人包括前面讲到富不过三代的家庭有一个不可忽视的原因，就是家庭教育出了大问题。二十世纪八九十年代的时候，我们国家还不富裕，大部分农村人住着低矮的房子，城里人也大部分住筒子楼，一家几口挤在三四十平方米的房子里生活，房子没有任何装修，家里连彩色电视都极为稀罕，更不用说什么冰箱、空调、电话、手机、摩托车、小汽车，可以说物质生活非常艰苦，而找一份像样的工作比登天还难，基本上都是以体力工作为主，没有周末休息的概念，八小时工作更是奢侈，那一代人就是在这样的工作环境和生活环境中打拼出来的。

父辈吃过的苦是现在的年轻人所无法想象的，也是从未经历过的，现在哪怕是农村长大的年轻人大部分都没有种过田地了。父辈们吃过的苦当然不希望自己的子女再次承受，所以在教育孩子上普遍存在疼爱甚至溺爱，给孩子们提供最好的物质生活，生怕孩子饿着冷着累着，更舍不得让孩子吃一点苦。孩子变得饭来张口，衣来伸手，物质上相互攀比，虚荣心越来越强，总想着拼爹。在家里几乎不劳动，根本体会不到生活的艰辛。体质不断下降，有时候都懒得运动，最后干脆懒得动。内心变得越来越脆弱，受不得委屈，挨不得批评，心理承受能力差，父母稍微严厉批评，轻则反锁自己在房间生气，重则赌气离家出走，更有极端者不想活了。父母平常的大包大揽让孩子没有主见，什么都替孩子安排好了，孩子除了要读书，其他事情通通不用考虑。至于为什么而读书，父母教育孩子的只是读书好就能上好大学，好大学毕业就能找好工作，赚更多钱。几乎很少有父母引导孩子要树立人生目标，让人生变得有意义，更谈不上要有人生理想了。

所以当年轻人大学毕业后，面临这些客观的外部困难时，很多人不是积极面对，充满激情去打拼和奋斗，在奋斗中成长积淀，在成长中解决困难，而是不断抱怨，选择逃避，要么不出来工作啃老，要么找一份简单工作做“月光族”，过一天是一天。很多人都不愿意结婚，一个人过得舒适就行，更谈不上职业规划和人生规划，如果所有年轻一代或大部分人都是这种心态，家庭和国家的希望在哪里？那将是家庭的悲哀和社会的危机。

百年老店与企业代际传承

我国百年老店数量较少，跟近代中国百年的战乱有很大关系，也跟我们国家到改革开放后才放开个体户和民营企业的经济政策有关系，但放眼全世界，全球的企业组织数以亿计，超过一百年的企业和老字号也才几万家。2018 年日本就有近五百家百年老店倒闭。

企业寿命短的原因非常复杂，跟政治、经济、法律、文化、人口等环境因素有很重要的关系，但企业内部出现的问题是主要原因，内部原因也非常复杂，每个企业出现的问题也不完全一样，具有普遍性的有以下几种：

企业没有明确目标，更没有宏伟目标，也没有长远规划，导致经营思路不清晰，发展方向不明确，企业决策不长远；企业没有品质意识和服务意识，提供的产品和服务让客户不满意，客户慢慢丢失；企业管理混乱，没有规范的制度和流程，内耗严重；企业因循守旧，不善于创新，产品、技术、管理、思想越来越落后，适应不了时代发展的需要；企业好高骛远、盲目扩张、贪大求全、急功近利，丢掉主业去发展自己不擅长的副业，跨界去做自己不熟悉的领域，造成失败；创始人和创业团队自我膨胀，慢慢丢失创业精神和工作作风，内部滋生和弥漫懈怠、享乐、腐败的不正之风，企业慢慢衰亡；合伙人忘记了早期共同创业的艰辛，淡化了彼此的情感与尊重，没有建立良好的决策机制，内部分歧滋生矛盾，最后分家散伙甚至变成仇人；企业组织大了，内部拉帮结派，搞不好团结，凝聚力下降，内耗严重，外部也到处树敌，没有朋友；不注重学习，创业团队能力跟不上企业发展，阻碍了企业的发展；企业做大了，干部队伍培养不起来，老板和高管什么事情都要亲力亲为，没有办法支撑企业的发展，员工留不住，培养不起来，内部慢慢出现团队老化，青黄不接；没有社会责任，没有敬畏，没有法律意识，什么都敢做，没有底线，导致企业出现严重问题；企业没有经营思想，没有价值观，没有先进的企业文化，在企业内部不能打造很强的精神力量，遇到外部环境不好，竞争残酷时，抵御不住；企业没有做好接班人的培养，没有成熟的机制保证顺利交接班，最后导致企业衰败。

上面这些问题是在成千上万企业失败案例中寻找出来的，有的企业在一两方面存在问题，有的企业在多方面存在问题。而上述问题，正在经营发展的所有企业或多或少都需要引起警觉与反思，及时面对问题，找到改进措施。创业难，守业更难，需要企业家和管理团队付出艰辛的努力。

党史对家庭教育、学校教育、企业教育的启示

《中国共产党简史》值得每个家庭和每位老师拥有，值得每个父母和老师认真学习，得到思想上的启发，精神上的鼓舞，方法上的借鉴，有利于更好地经营家庭，建设家风，教育孩子；有利于更好地在学校教育学生，从而帮助学生全面发展。党史二十条中的每一条都可以转化为家庭教育和学校教育的方法。

通过“目标远大”启发每个家庭和家族要树立清晰远大的家庭目标、家族目标，并对目标进行分解，每一代人清晰每一代人的目标与使命，将家庭目标、家族目标与民族复兴挂钩，从而提升目标的使命感。这样去教育孩子，将这些观念传递给孩子，孩子就会清晰自己的方向，深知自己肩负的责任，从小就会有目标、有斗志、有责任、有动力。通过“科学规划”的启发，可以制定出家庭的五年规划和年度计划，真正将目标落实下去，分解下去。

通过“团结合作”的启示，教会孩子一定要善于搞好团结。首先学会团结兄弟姐妹和家人，其次学会团结同学和朋友，最后出入社会学会团结同事和领导。家和才能万事兴，团结就是力量。通过“宗旨为民”启示，教会孩子要有利他精神，不能自私，不能以自我为中心，要关心他人感受，关注他人利益与需求，懂得服务他人，不占便宜甘于吃亏，这样能够开阔孩子的胸襟，激发孩子的善良，也能提高孩子服务他人和团结他人的意识与能力。

通过“艰苦奋斗”教育孩子，要有自力更生、艰苦奋斗精神。幸福是靠自己用双手奋斗出来的，不能有依赖思想，要有独立意识，

要自食其力。家里物质条件不好，更要有艰苦奋斗精神才能改变家庭命运；家庭物质条件很好，也要让孩子懂得精神力量的重要。艰苦不一定是物质贫穷，不一定是吃体力上的苦，艰苦是一种精神状态，是一种攻坚克难的态度与决心。

通过“作风建设”的启发，意识到家风的重要。只要一个家庭的家风好，家庭成员的精神面貌就好，品德就端正，行为就规范。家庭的衰败是从家风衰败开始的，要树立必要的家规，要将上一代乃至家族传承下来的好的精神、品德、作风、言行，从小灌输给孩子，严格管教，而不是溺爱，或者只关心孩子的学习成绩，这些是孩子一生中更重要的功课，不能挂科，更不能缺科。

通过“不忘初心”的启示，教育孩子不能忘本，不要小富即安，不能膨胀，躺在父辈打下的基业上啃老，丢了父辈的优良传统、奋斗精神和良好风尚，从而自甘堕落，时时刻刻培养孩子的危机意识。

通过“社会主义核心价值观”的启示，教会孩子做人的标准与原则，要有感恩之心，热爱祖国，有强烈的民族认同感，为人友善，平等待人，公正处世，做人有道德、讲法律、讲诚信，做事勤奋敬业，只要孩子从小树立正确的三观，长大就能成人成才。

通过“实事求是”“直面问题”“改革创新”“深入基层”等启发，教育孩子如何做事。首先要务实、踏实，透过现象看本质，寻找规律，养成实事求是的工作态度与方法；其次要敢于面对问题，明白工作就是为了解决问题，问题得到解决工作才有结果、有意义。工作要以问题为导向，直面问题，解决突出问题，不要害怕问题，回避问题，更不要逃避问题，做事不能死板僵化，要因地制宜，要根据事物的变化、趋势，寻找方法，敢于大胆变革与创新，做到与时俱进。要养成踏实的工作作风，深入基层，与基层人员打成一片，敢于到基层锻炼自己接受教育，善于从基层了解更多更真实的一手信息，防止做事做决策出现大的偏差，不接地气，不解决实际问题。

学校教育不能只教学生文化知识，只重视学生成绩，通过死记硬背，大量做题，频繁考试，让孩子成为考试的机器，为了读书而读书，可以从党史学习二十条中借鉴，融入学生的思想教育中，提炼的二十条几乎每一条都能用上，只是不同阶段的学生侧重点不同，不作一一列举，只作概括。一定要让学生有理想、有目标、有远大抱负，大学毕业前要做好人生规划和职业规划。引导学生探索人生的意义在于奋斗，生命的价值是为社会和他人带去价值，是被需要。培养学生的责任心、上进心、事业心、荣誉感、价值感、使命感，强化人的精神追求，客观对待物质需要，帮助学生树立正确的世界观、人生观、价值观，引导学生向上、向前、向善。培养学生做热血青年，用满腔热血去热爱这个世界、热爱祖国、热爱中华民族、热爱党、热爱集体、热爱家庭、热爱生命、热爱事业、热爱生活，爱是一种心甘情愿付出的行为与情感。

企业家对下一代接班人的培养要像前面提到的家庭教育和学校教育一样进行长期的思想教育、精神培养，同时在企业里进行艰苦的实践磨炼，从基层岗位开始历练，不断战胜困难和挑战，经历大量挫折，既培养孩子丰富的能力，又锻造坚强的品格和意志，才有可能真正培养出合格的接班人。

企业在日常团队管理和员工培养时，不能只进行技能和知识的培训，更要进行思想教育、文化注入、精神打造，帮助干部员工树立远大目标，培养利他精神和服务意识，打造根据地，守好阵地，走专精特新道路，用农村包围城市的思想，扬长避短，参与竞争。长期培养团队艰苦奋斗意识，打造奋斗精神，建立科学的决策机制，倡导实事求是和直面问题的工作作风。始终倡导团队合作，懂得团结就是力量，团结一切可以团结的力量。正确面对环境与变化，不能保守僵化，要与时俱进，大胆创新。重视干部培养和青工教育，长期狠抓团队风气，通过思想作风、学风、工作作风、领导作风、干部生活作风的建设，打造充满正气的良好风尚与氛围。培养团队组织观念和政治觉悟，要有组织原则与大局观念，个人服从组织，下级服从上级，组织要有灵魂人物，个人要及时看齐，要不断帮助团队树立正确价值观，形成积极进取的企业文化，让干部员工有敬畏之心，不忘初心，不忘公司早期的创业精神，将这种精神代代相传，企业就一定能够完成代际传承。

无论是个人的堕落、家族的没落，还是企业的衰败，对人们来说乃至对国家来说，都是令人心痛的，不愿意看到的。我们希望一代人超越一代人，每个家庭乃至家族一代比一代好，家庭兴旺，每个企业都能蓬勃发展，不断壮大。

通过前面的分析，能够清晰看到富不过三代的原因，也通过党史党建的学习，能够对家庭教育、学校教育和企业教育产生很多启发。我们从深层次来看问题，家庭和企业富不过三代的根本原因是大部分家庭和企业只是将物质财富进行传承，没有将精神财富传承下去。当然，一方面是上一代对精神财富传承的意识不强，重视不够；另一方面精神传承比物质传承难度大得多，不管是在上一代还是在传承的过程中，精神力量随着物质力量的不断增强，面临逐步衰竭甚至消失的情况，从而导致家族衰败、企业失败。

中国共产党早期物质力量严重匮乏，在那段烽火连天的艰苦革命岁月中，锻造了强大的精神力量。在百年奋斗的过程中，逐步积累了物质力量。今天的中国已经全面迈入小康社会，拥有了丰富的物质力量，而党能够从成功走向更大成功的重要原因，就是随着物质资源丰富，物质力量不断增强，始终坚持精神文明建设，始终保持不忘初心、艰苦奋斗。一代代共产党人将早期共产党的精神传承并发扬光大，在这个过程中，不断形成新时期新的精神力量，这才是党长盛不衰的重要原因。

因此，无论是家族传承还是企业传承，在一代一代人的物质财富传承的同时，一定要将家族和企业的精神财富传承下去，一定要深刻认识到精神财富的传承比物质财富的传承重要得多。家族和企业的接班人在传承上一辈精神力量的同时，一定要善于打造新的精神力量，要让精神财富不断增值，从而推动物质财富增值。

这就是我们作为父母，可以从党史汲取的营养和智慧去教育我们的孩子，校长和老师可以从党史中得到启发去培养学生，企业家和管理者可以从党史中汲取巨大的力量去管理团队，教育干部员工乃至下一代和新员工，从而真正帮助家庭和企业富过三代，打破历史周期率。我相信，只要越来越多的家庭、家族和企业能够做好传承，一代能够超越一代，真正呈现长江后浪推前浪的美丽景象，中华民族伟大复兴的中国梦就一定能实现。

第十五章　企业家精神与高质量发展

党的二十大报告指出："高质量发展是全面建设社会主义现代化国家的首要任务。发展是党执政兴国的第一要务。没有坚实的物质技术基础，就不可能全面建成社会主义现代化强国。"国家富强在于经济，经济繁荣在于企业。完善中国特色现代企业制度，弘扬企业家精神，加快建设世界一流企业至关重要。

市场活力来自人，特别是来自企业家，来自企业家精神。温家宝总理说："在经济困难面前，信心比黄金和货币更重要，而发展经济或者重振经济的信心关键在企业家的信心。"企业家是中华民族宝贵的财富，全社会要像尊重科学家一样尊重企业家，全社会要大力弘扬企业家精神，企业家精神不仅是企业家的精神，各领域的管理者都可以打造企业家精神。不仅仅民营企业需要企业家精神，国有企业同样需要企业家精神；不仅仅企业界、经济界需要企业家精神，政府、教育界、科学界、社会组织等都需要企业家精神；不仅仅企业发展、经济发展需要企业家精神，改革开放、脱贫攻坚、抗震救灾、科技创新、教书育人、高质量发展、中华民族伟大复兴等都离不开企业家精神。

到底什么是企业家？什么是企业家精神？什么是中国企业家精

神？如何培养企业家精神？什么是高质量发展？如何高质量发展？等等一系列的问题，在日常经营管理工作中，管理层干部经常会问起，很多企业家沟通交流时，大家提的频率也非常高，但大部分理解得不准确、不全面、不深入，社会上部分民众对企业家还有很大的误解，甚至是成见，认识不到企业家和企业家精神的重要。极少数人对民营企业、民营企业家进行抹黑，混淆视听，想要制造社会矛盾，分裂社会，动机不纯，用心险恶。我这几年内心一直萌生写一本关于企业家精神的书，由于经营工作繁重，同时专业能力要求高，因此一直没有动笔。现在正好借着这个机会写了这个章节。

企业家

企业家一词最早的意思是指中间人或中介。法国经济学家里夏尔·坎提隆认为企业家是指在市场中充分利用未被他人认识的获利机会并成就一番事业的人，企业家的职能是冒险从事市场交换。法国经济学家萨伊进一步推广使用了企业家一词，他认为企业家是“将经济资源从生产力和产出比较低的领域转移到较高领域的人”，而创新则是实现这种转移的必要手段。最早将企业家作为独立生产要素进行研究的是英国经济学家阿尔弗雷德·马歇尔，他认为企业家是打破市场发展不均衡性的特殊力量，企业家的特殊性在于其敢于冒险和承担风险。奥地利经济学家约瑟夫·熊彼特认为，企业家是创新者，能打破市场平静，利用变化寻找获利机会。

企业家精神

熊彼特是第一个提出企业家精神概念的人，他认为企业家精神是发现、推动新生产要素组合的本质，企业家精神是创造社会经济的主要要素。他认为经济增长的主要推动力是企业家，他们通过开发新产品、新的生产方式以及其他创新活动来激发经济活力，将企业家精神描述为一种“创造性的破坏过程”。在这一过程中，企业家不断替换或破坏已有的产品或生产方式。奥地利学派经济学家伊斯雷尔·柯兹纳认为，企业家能够善于发现被别人误判而埋没的机会，通过有效地配置资源来获取利润。管理学家彼得·德鲁克指出企业家是这样一种人：从来没有引起变化，但又总能创新地把变化变为机会。企业家本身最重要的一个特点，或者说企业家精神的核心，就是能够合理拥抱不确定性，在变化中找到创新的机会。

白永秀教授认为，企业家精神不仅是学术研究的前沿问题，而且对于社会转型期的中国具有重要意义。他认为，21 世纪中国正处于从“物的产业”向“人的产业”的转型期，企业家或企业家精神在企业发展中扮演着非常重要的角色。在影响企业发展的五大因素中，人才是其中之一，而企业家又是人才的核心。企业家成长好的企业，一般也是经营业绩突出的企业，因为企业家是企业的主产品，利润是企业的副产品，企业的生产经营过程是培养企业家的过程，利润只是这种过程延续的结果。随着经济的迅猛发展，“企业家”一词应用越来越广泛。正是因为企业家将社会上的众多发明引向市场，并确保其被高效使用，才最大程度促进了经济增长，企业家的贡献源于其内在的精神支撑，即企业家精神。企业家精神是在社会经济发展过程中逐步形成的，其特征很丰富，包含很多方面，最鲜明的三个特征是冒险、创新、合作。

冒险精神：企业家精神最重要的特征就是冒险。企业家要想获得成功，获取高额利润，必须具有冒险精神。企业家不仅在企业战略制定与实施过程中要敢于冒险，在新技术使用、产品开发和淘汰、新市场开辟等方面也要敢于冒险。没有风险几乎是不可能的，即使什么也不干，在动态环境变化下，也是有风险的。理查德·坎蒂隆和奈特将企业家精神与风险联系在一起，他们认为，没有敢于冒险的魄力就不可能成为企业家。惠普、索尼、宏碁、华为等众多企业的成功无一例外是因为他们的管理者敢为人先，第一个跳出来吃螃蟹。

创新精神：虽然创新被众多学者认为是企业家精神的核心特质，但他们对创新的理解却并不完全相同。熊彼特认为，企业家天生就具有打破静态均衡状态的能力，这是成功实现创新所必需的条件。企业家与普通商人或投机者赚钱的动机不同，他们最突出的动机来自“个人实现”的心理，即“经济首创精神”，这种精神是实现新组合的原动力，是驱动和激发企业家经营创新能力及其他能力的内在心理意识，是企业家精神的灵魂。德鲁克首次把创新与企业家精神相结合，认为企业家精神需要企业加以组织、系统化实务与训练，其被视为管理者的工作与责任。企业家创新精神贯穿于经营活动的全过程，体现在引入开发一种新产品、发现产品新用途、采用一种新的管理模式、开辟新市场等方面。优秀的企业家善于发现别人无法察觉的机会，善于协调利用不同的资源。德鲁克提出了七个创新机会来源：意外事件、不协调事件、成就需要、产业和市场结构、人口统计数据、认知变化和新知识，并将这七个创新机遇来源作为系统化创新及创业型管理的中心。另外，他还提出四个创业型策略：孤注一掷、打击对方弱点、占据生存利基、改变价值与特性，并将其作为导入市场的可行性方法。在德鲁克看来，企业家精神是创新实践的精神，其本质是企业家有目的、有组织地开展系统创新。他所论述的创新并不神秘，也并不是某些人所特有的特质。他认为人人都可创新、时时都能创新、处处都有创新，创新是有规律可循的实务工作，创新是可以作为一门学科去传授和学习的。某一企业家可能在某些时候具有这种精神，在另外一些时候丢失这种精神，或者又重新拥有，这取决于其是否一直把创新当作一种实践，并一直努力寻找新的机遇从而获得成功。

合作精神：合作精神是学者能达成共识的重要企业家精神。阿尔伯特·赫希曼认为，企业家在做出重大决策时实行集体行为而非个人行为，合作精神不仅有助于培育企业竞争优势，也是企业家在实践中最擅长的，并且还能将这种精神传递给下属和员工，因为每个人所掌握的知识和能力都是有限的，不可能应对所有事情。因此，企业家要有非常强的结网能力和意识，在企业经营管理过程中能够充当教练角色，能够不断鼓励员工进行合作创新，并能指引、带领员工为既定目标而努力。

企业家精神特征除了冒险精神、创新精神和合作精神以外，还应具有其他特质，如对社会讲究伦理、不断适应动态环境、宽容理解别人等。总而言之，企业家精神应该包括很多方面，无法用单一特征去定义，随着经济发展和社会价值取向的改变，企业家精神的具体内容也在不断丰富与发展。

中国企业家精神

中国的企业家与全世界的企业家有着共同的特征，也有一些自己的新特征。我国经济用了四十多年的时间，走过了很多国家要用一百年甚至更久才走过的道路。企业家在这个过程中发挥了极为重要的作用。中国企业家群体也是在这四十多年改革开放中逐渐成长起来的。中国企业家精神正是在这几十年的企业发展和经济建设中逐步形成的。而且，在改革开放的不同时期，体现的特征重点也不相同。中国企业家与世界各地企业家共同的特征有：冒险精神、创新精神、合作精神、诚信精神、学习精神、宽容精神、开拓精神、奋斗精神等。要想创办一家企业，让企业生存下来，不断发展壮大，没有这些精神，很难成功。创业是九死一生的活动，只有不到1%的创业活动能够生存下来，民营企业平均存活寿命不超过三年，能够发展壮大的企业更是凤毛麟角，所以创业是一项风险极高的活动，企业家是一个高危职业。

1978年之前，我国的企业家数量极少。从1978年以后，企业家从无到有的出现过程是改革开放最为重大的事件之一，因而具备了创世纪般的特征。富有创新的企业家精神，深刻地影响了社会的各个领域，并重新塑造了一代中国青年。中国企业家调查系统发布的综合报告首次将改革开放以来中国企业家划分为四代：

第一代企业家是改革开放1978年前；第二代企业家是改革开放初期，从1978年至1999年；第三代企业家是“入世”以后的互联网时期，也就是2000年至2011年；第四代是从2012年开始，也就是十八大以后的“双创时代”企业家。

不同时期的企业家精神具有不同的本质内涵。改革开放初期，企业家精神表述选择最多的三个是：勇担风险，奉献，善抓机会；互联网时代对企业家精神的表述选择最多的三个是：创新，善抓机会，勇于突破；“双创时代”企业家精神的特征最重要的三个是：创新，诚信，精益求精。

企业家代际特征明显。改革开放初期的企业家具有较高的先动性，能经常领先于他人觉察到创新机会，韧性较强；“双创时代”的企业家的先动性就要低于其他时代的企业家，在韧性上也相对较低；改革开放初期的企业家只有当结果是可预见的时候才会行动，表明他们在冒险性上相对更加理性慎重；而互联网时代企业家的冒险性较高。

在企业家能力方面，“双创时代”的企业家的决策能力、创新能力强，改革开放初期的企业家资本运作能力、抗压耐挫能力、资源整合能力强。

新时代企业家精神

近几年来，“企业家精神”这个词越来越热，习近平总书记在企业家座谈会、亚太峰会等多个场合提到“企业家精神”。市场主体离不开企业，企业离不开企业家，企业家离不开企业家精神。

2017 年 9 月，《中共中央　国务院关于营造企业家健康成长环境弘扬优秀企业家精神更好发挥企业家作用的意见》正式公布。中央首次以专门文件对企业家精神提出了要求，将其概括为三十六个字：爱国敬业、遵纪守法、艰苦奋斗、创新发展、专注品质、追求卓越、履行责任、勇于担当、服务社会。

2018 年 11 月，在民营企业座谈会上，习近平总书记指出："民营企业家要珍视自身的社会形象，热爱祖国、热爱人民、热爱中国共产党，践行社会主义核心价值观，弘扬企业家精神，做爱国敬业、守法经营、创业创新、回报社会的典范。"在爱国创新，诚信社会责任和国际视野等方面不断提升自己，努力成为新时代贯彻新发展理念、构建新发展格局、推动高质量发展的主力军。

爱国敬业：爱国、敬业是社会主义核心价值观的内容，是对每一个中国公民的基本要求。企业家作为社会的精英，思想的认知与深度、眼界、境界、格局与胸怀更应该超越普通人。要做好表率，不仅仅要爱国，更要有家国情怀，胸怀天下。古人尚且能做到"先天下之忧而忧，后天下之乐而乐"，普通中国人都有"位卑不敢忘忧国"的拳拳之心，何况是社会的精英阶层呢？企业是没有国界的，企业家是有国界的。企业家不仅仅要爱国，还要热爱中国共产党，热爱中华民族，热爱社会，将个人的命运和企业的命运与党和国家的命运牢牢联系在一起，将企业发展摆在党的事业发展、经济社会发展大局中进行谋划。推动经济发展，社会进步，民族复兴。经营企业是一项非常艰辛的工作，企业家不能小富即安，偏安一隅，要战战兢兢，如履薄冰，热爱自己的事业，全身心投入企业经营中去。在团队中做好敬业表率，勤勉工作，笃行不倦。

遵纪守法：企业家要有敬畏之心，敬畏天，敬畏地，敬畏法，敬畏人，敬畏良知。要加强诚信建设，打造契约精神，言必信，行必果，说到做到，不忘初心，坚守正道，经住诱惑，有所为，有所不为，不违约，不违规，不违法。做人有底线，做事有红线，增强法律意识，加强法治观念，强化规范治理，真正做到遵纪守法，才能行稳致远。

艰苦奋斗：人类文明的进步，中华民族五千年文明的发展，中国共产党百年来带领中国人民改变国家、民族、人民命运的历史，都是一部艰苦奋斗史。艰苦奋斗是一种不怕艰难困苦，奋发图强，艰苦创业，顽强拼搏的斗争精神，是干事创业的法宝，是一种强大的精神力量。创业是一条走尽千山万水，说尽千言万语，想尽千方百计，吃尽千难万苦的坎坷之路，更需要有艰苦奋斗的精神。创业初期，各种资源通常匮乏，需要创业团队敢于面对困难与条件不足，通过激发艰苦奋斗精神力量英勇顽强地去战胜困难。企业生存下来后，要敢于不断提高目标与标准，攻坚克难，继续保持艰苦奋斗精神，从胜利走向胜利，将企业做强做大。今天，企业要想实现高质量发展并推动国家高质量发展更离不开艰苦奋斗精神。

创新发展：彼得·德鲁克说："无创新不管理，不创新就死亡。"创新是企业家精神的重要特征，也是企业家的使命责任，企业家不能墨守成规，用昨天成功的经验来解决今天的新问题。要对变化敏感，拥抱变化，勇敢改变，敢于革新甚至自我革命，才能不断发展。通过品质提升、产品创新、技术创新、组织创新、管理创新、市场创新助推高质量发展。

专注品质：经过改革开放四十多年的发展，我国经济从高速增长转变到高质量发展。我国企业也从粗犷或野蛮生长转变到高质量发展。高质量首先是高品质，产品品质是企业的生存基础，品质高低是一个企业成败的决定性因素。管理者只有不断专注于对产品品质、服务品质、管理品质、人员品质等各方面品质的全面提升，通过不断增强品质意识，提高品质管控能力，才有可能真正将高品质打造成企业的核心能力。

追求卓越：企业要不断提高标准，持续系统改进，打造卓越组织。通过攻坚克难，不断创新，实现技术突破与提高；通过提高质量标准，专注品质，实现质量改进与提升；通过重视职工教育，不断加大培训和学习力度，实现员工综合素质和能力提升；通过不断完善制度和流程、弘扬价值观，实现组织管理和文化的提高；通过不断加强管理，注重节约，实现成本不断降低；通过组织系统不断完善，组织管理能力不断增强，全面提升工作品质，实现高质量经营，推动高质量发展，打造卓越企业，形成企业核心竞争力。

履行责任：做人有做人的责任，做企业有做企业的责任。企业本身就是一个责任主体，与企业相关的利益方有很多：员工、客户、供应商、政府、各类相关组织。企业在日常经营管理中需要跟不同的利益相关方合作，需要承担不同的责任。企业要有责任意识，履行各种约定，增强责任感，忠实履行对员工的责任，债权人的责任，客户的责任，环境和资源的责任，遵从政府的管理，接受政府监督等。做一个负责任的企业，做一个有责任感的企业家。

勇于担当：担当是一种勇气，是一种责任，是一种魄力，是一种作为，是一种力量，是一种格局。企业家要有强烈的责任心，履行企业责任；企业家要有强烈事业心，将企业做强做大，造福社会；企业家要有勇气魄力，通过干事创业，让世界变得更美好；企业家要有格局和胸怀，为民族复兴贡献力量；企业家要有家国情怀，胸怀天下。对员工、社会、国家要有担当精神，担当国家和时代赋予的责任与期待。

服务社会：做人要有服务他人的意识，做企业要有服务社会的意识，企业不能为社会创造价值、服务社会，就没有存在的意义，这样的企业也很难长久地生存发展。通过为社会提供高品质产品与服务来服务社会；通过提供更多就业岗位带动就业增收来服务社会；通过不断提升员工综合素质来推动国民综合素质提高来服务社会；通过不断做强做大企业推动社会经济发展来服务社会；通过不断技术创新推动国家科技进步来服务社会；通过缴纳税金、保护环境来服务社会；通过开展慈善捐助、奉献爱心、扶危济困、解难助残等方式反哺社会，服务社会。

锻造企业家精神

企业家精神对一个企业的生存与发展起着至关重要的作用。企业家精神不会平白无故在一家企业中诞生。如何才能锻造企业家精神呢？企业家精神是一种精神力量，这种精神力量的打造取决于企业家带领创业者和管理者在创业过程和经营实践中能否率先践行做好表率，所以企业家和管理层的人品和态度特别关键，如勤勉、务实、踏实肯干、亲力亲为。企业家和管理层的综合素质和能力也非常关键，综合素质中最重要的是思想政治素质。企业家要有包容的世界观，积极的人生观，正确的价值观，良好的法律意识和道德观念，有格局、有担当、有境界、有情怀、有强烈的责任心、事业心、使命感。企业家和管理层的学习与自我管理也非常重要，企业家精神要在经营实践中形成。企业家精神特征有很多，企业家和管理层很难一下就形成很全面的企业家精神，要通过看书、培训、向优秀企业学习等各种方式，不断丰富知识结构，提高综合素质，提升认知能力和理论水平，才能进一步指导经营实践。企业家精神不会一经形成就一直存在，往往企业创业初期的企业家精神特征体现明显，随着企业不断做大，如果企业家和管理层不加强自我管理，企业家精神慢慢会衰竭。

不是每一个企业都会有企业家，都会有企业家精神。一个企业的经营思想、理念、价值观是形成企业家精神的关键因素，而经营思想、理念、价值观也是企业文化的核心因素。通常有先进文化的企业，就会锻造出强大的企业家精神，所以在企业界才有这样一句话：十年的企业靠管理，百年的企业靠文化。

而党建文化能够引领企业文化的建设，当然也一定能够帮助企业锻造企业家精神，企业家从这个角度来思考与认知党建文化，跟党学创业，就能更深刻地认识到企业党建的作用与意义。

如果我们把党组织形象地比喻成企业组织，党的百年历史就是一部创业史。党在百年创业历程中铸造的精神谱系，全面涵盖了企业家精神的全部特征。所以说党的历史是最生动、最有说服力的教科书。党史党建不仅仅对党员干部来说是必修课，对企业家和管理者也是必修课，而且必须修好。与党的百年奋斗历程中经历的挫折与困难相比，企业遇到的困难就显得很渺小。

百年来，中国共产党弘扬伟大建党精神，在长期奋斗中构建起中国共产党人的精神谱系。这些精神，集中彰显了中华民族和中国人民长期以来形成的伟大创造精神、伟大奋斗精神、伟大团结精神、伟大梦想精神。这些精神对企业家和管理者能够起到很好的激励作用，从而帮助企业家在创业过程中锻造强大的企业家精神，助推企业的生存与发展。改革开放四十多年来，企业发展和经济发展中形成的企业家精神也成了中国共产党人的精神谱系的重要组成部分。

高质量发展

党的十九大首次提出高质量发展，表明中国经济由高速增长阶段转向高质量发展阶段。党的二十大报告中强调，高质量发展是全面建设社会主义现代化国家的首要任务，高质量发展成为全社会的方向与主旋律。

衡量一个企业是不是高质量发展的标准是什么？近两年管理界展开了热烈的讨论，众说纷纭，有的将创新、协调、绿色、开放、共享的新发展理念作为衡量企业高质量发展的五个维度，有的把供给、需求、配置、投入产出、收入分配、经济循环作为高质量发展的六个指标。

从企业角度来看，高质量发展包括以下方面：高质量增长、高质量经营、高技术投入、高产出低投入、高品质产品、高品质服务、高品质管理、高效能、高素质团队、高节能低能耗、高环保低污染、高收入和高人效、高贡献和社会责任、高智能制造等。其实这些内容恰恰是每一个企业家和管理者梦寐以求的结果。坦白讲，要想实现企业高质量发展，绝非易事，就像攀登一座高山，从山脚到半山腰时，坡度通常比较平缓，从半山腰再往上攀登时，明显感觉坡度变陡，难度变大，要付出更艰辛努力。企业追求高质量发展就像从半山腰向上攀登一样艰难。

弘扬企业家精神，推动高质量发展

如何才能实现企业高质量发展呢？首先要以高质量党建为引领，锻造推动高质量发展的坚强战斗堡垒。其次企业家和管理者团队要让全体干部职工认识到高质量发展的重要性和必然性，坚定信心和决心，要强化高质量发展理念，明确高目标，提高各领域标准，要敢于加大投入力度，通过技术创新、产品创新、管理创新、市场创新、制度创新、服务创新，一步一步推动企业高质量发展，要坚定走专精特新发展道路，通过专业化、精细化、特色化、新颖化一点一滴打造企业核心竞争力。

企业从野蛮生长，粗犷发展，高速度发展到高质量发展的转型升级是必然之路，却又是一条荆棘丛生之路，注定要历经坎坷，犹如西天取经经历九九八十一难，才能取得真经，犹如鹰的重生，只有全面改变才能重生。企业家和管理团队就像取经的师徒四人，就像那只重生的鹰。企业组织这样的转型升级就是二次创业，是一次自我革命，是创业路上的新长征。企业要想真正取得高质量发展胜利，创业者和核心管理团队就必须进行自我净化、自我完善、自我革新、自我提高。

企业要想在二次创业中取得成功，就必须大力弘扬企业家精神。因为这样的转型升级路上，现有的物质资源与条件是远远不够的，也是企业从来没有经历的，没有经验可以借鉴，唯有创业团队凝聚强大的精神信念，才有勇气去面对困难，战胜困难，一点一滴去改变现状。在这条荆棘丛生之路上，创业团队要有冒险精神，要有创新精神，更要有合作精神，要有学习精神，开拓精神，奋斗精神；企业家更要真正秉承新时代企业家精神，有家国情怀，心系天下，饱含对国家的热爱和对人民的深情，以中华民族伟大复兴为己任，才有勇气与魄力革自己的命，浴火重生，凤凰涅槃。

只有中国企业实现高质量发展，才能推动中国经济高质量发展，从而推动包括经济、政治、文化、社会、生态在内的全社会方方面面高质量发展。这是一个须长期坚持的要求。从这个意义来看，国家要想实现高质量发展，需要培养更多有情怀有魄力有担当有能力的企业家，这是时代的需要，是中华民族伟大复兴的需要。全社会要凝聚共识，认识到企业家群体的重要性，营造一种争当创业者、企业家，尊重创业者和企业家的良好环境和氛围。

企业和经济的高质量发展需要弘扬企业家精神，激发企业家精神对全社会的高质量发展同样重要，面临的各种困难与挑战，同样需要弘扬企业家精神才能解决。企业家精神不仅是企业家的精神和企业经营管理者的精神，还应包括政府公务员、学校教师、社会组织工作者、文艺工作者、各行各业的经营者管理者，这些人都需要弘扬企业家精神，学习企业家精神，在全社会铸造企业家精神。因为企业家精神是中国共产党人精神谱系的重要组成部分，是建设社会主义市场经济的力量源泉，是实现社会主义现代化强国的重要力量源泉。